BUSINESS TOOLBOX

... professionell & sicher im Job!

Jürgen Rixgens

Komplizierte Kollegen und Vorgesetzte

So gehen Sie mit Quasselstrippen, Cholerikern & Co. um

STARK

ISBN 978-3-8490-1454-4

© 2015 by Stark Verlagsgesellschaft mbH & Co. KG
www.berufundkarriere.de

Das Werk und alle seine Bestandteile sind urheberrechtlich
geschützt. Jede vollständige oder teilweise Vervielfältigung,
Verbreitung und Veröffentlichung bedarf der ausdrücklichen
Genehmigung des Verlages.

Inhalt

Zum Einstieg 5

Psychologische Spielregeln 9
Den anderen anders sein lassen 9
Ich habe die Wahl 10
Wie verhalte ich mich unter Stress? 13
Lösungsansätze für schwierige Gespräche 16

Umgang mit komplizierten Kollegen 21
Der Rechthaber 21
   Typisch rechthaberisch 22
   Was Sie lassen sollten 24
   Was Sie tun sollten 25
   Toolbox: Hilfreiche Formulierungen 27
   Wissenswertes: Psychologische Erkenntnisse
   für die Überzeugung von Rechthabern 28
Der kreative Chaot 33
   Typisch chaotisch 34
   Was Sie lassen sollten 34
   Was Sie tun sollten 35
   Toolbox: Hilfreiche Formulierungen 37
   Wissenswertes: Das Wertequadrat als Erkenntnis-
   und Feedback-Instrument 39
Der Vielredner 44
   Typisch Vielredner 45
   Was Sie lassen sollten 45
   Was Sie tun sollten 46
   Toolbox: Hilfreiche Formulierungen 47
   Wissenswertes: Mit gutem Zuhören mehr erreichen 48
Der Pessimist 52
   Typisch Pessimist 53
   Was Sie lassen sollten 53

    Was Sie tun sollten 54
    Toolbox: Hilfreiche Formulierungen 56
    Wissenswertes: „Ich kann nicht optimistisch."
    Die Psyche des Pessimisten 57
Der Intrigant 61
    Typisch Intrigant 62
    Was Sie lassen sollten 62
    Was Sie tun sollten 63
    Toolbox: Hilfreiche Formulierungen 64
    Wissenswertes: Die Atmosphäre für Intrigen 65

Umgang mit komplizierten Führungskräften 69

Der Perfektionist 70
    Typisch Perfektionist 71
    Was Sie lassen sollten 71
    Was Sie tun sollten 72
    Toolbox: Hilfreiche Formulierungen 74
    Wissenswertes: Komplexes einfach und
    glaubwürdig formulieren 75
Der Unnahbare 81
    Typisch unnahbar 81
    Was Sie lassen sollten 83
    Was Sie tun sollten 83
    Toolbox: Hilfreiche Formulierungen 84
    Wissenswertes: Über Hören und Verstehen –
    zwischen den Zeilen lesen 88
Der Choleriker 92
    Typisch Choleriker 93
    Was Sie lassen sollten 94
    Was Sie tun sollten 95
    Toolbox: Hilfreiche Formulierungen 97
    Wissenswertes: Die Ursache von Wut
    und die Kontrolle von Ärger 100

Schlusswort 105
Stichwortverzeichnis 106

Zum Einstieg

Kennen Sie das? Sie machen sich nach der Arbeit auf den Weg nach Hause. Gut gelaunt nehmen Sie den Lift, sind entspannt auf dem Weg nach unten. Die Aufzugtür geht auf, Sie steigen aus, und plötzlich stellen sich Ihnen die Nackenhaare auf. Denn Ihr Chef* steht vor Ihnen, sieht Sie wieder mal so typisch misstrauisch an und sagt schroff: „Ich erwarte Sie in 10 Minuten in meinem Büro!" Er steigt in den Lift, fährt hoch, aber Ihre Laune fährt in den Keller.

Oder folgende Situation: Nach einem Meeting in der Firma fühlen Sie sich leer und ausgelaugt, weil dieser notorische Kritiker mal wieder nur Probleme gesehen und alles schwarzgemalt hat. Dazu kam noch der eifrige Streber, der sich mit seinem Wissen als Oberlehrer fühlt und einfach immer alles besser weiß. Das Ergebnis: Sie sind nur noch frustriert.

Woran liegt das? Mit vielen Menschen kommen wir ganz gut klar, andere nerven einfach nur. Ob mit ihrem Dauergeplapper oder ihrem Schweigen, ihren dummen Sprüchen, ihrem Pessimismus oder ihren cholerischen Anfällen. Egal wie, sie ärgern uns, vergiften die Atmosphäre, ziehen uns runter, machen uns das Leben schwer, und manchmal geben sie uns sogar noch Schuldgefühle.

Diesen schwierigen Menschen können wir uns leider nicht entziehen. Ob wir wollen oder nicht, sie sind nun mal so, wie sie sind, und wir können uns unsere Kollegen und Chefs auch nicht so schnitzen, wie wir sie gerne hätten. Es bleibt uns nichts anderes übrig: Wir müssen uns mit ihnen auseinandersetzen.

Doch aus welchen Gründen fallen uns diese Begegnungen und Gespräche so schwer? Weil sie anders als normale Gespräche emotional äußerst aufgeladen sind, weil wir Angst oder Wut

---

* *Hinweis: Die verwendete Sprachform dient der leichteren Lesbarkeit und schließt immer auch das jeweils andere Geschlecht mit ein.*

spüren, genervt oder verzweifelt sind, in Rage geraten oder weglaufen wollen. Was wir dann auch häufig machen. Tatsächlich vermeiden viele die Auseinandersetzung mit schwierigen Situationen und schwierigen Menschen. Diese Flucht vor dem Konflikt ist verlockend und auch nicht immer falsch. Denn schließlich kann und soll jeder selbst entscheiden, mit wem und worüber er diskutiert. Allerdings verschlimmert es in den meisten Fällen die Situation nur, wenn wir Probleme verschieben oder bei schwierigen Menschen nachgeben. So wird das Problem in aller Regel größer und die Beziehung verschlechtert sich zunehmend.

Da stellt sich die Frage: Wenn stressige Gespräche mit schwierigen Typen sowieso unvermeidbar und dazu auch noch schmerzhaft sind – warum arbeiten wir nicht an uns und verbessern die Situation? Eben deshalb nicht, weil uns unsere Emotionen einen Strich durch die Rechnung machen. Im entspannten Zustand wissen wir genau, dass es schwierige Menschen gibt und Konflikte gelöst oder zumindest vernünftig besprochen werden können. Doch wenn unsere Gefühle die Oberhand bekommen, sind die meisten von uns nicht mehr in der Lage, mit Vernunft und Augenmaß zu denken, zu sprechen oder zu handeln. Es ist, als ob wir unsere Logik vergessen und unseren Verstand verloren hätten. Ganz zu schweigen von unserem Ziel, dass wir schon lange aus den Augen verloren haben. Kurz: Wir handeln nicht mehr vernünftig.

Das Ziel dieses Ratgebers ist natürlich, Ihnen zu helfen, mit schwierigen Kollegen und Vorgesetzten vernünftig zu reden und so besser mit ihnen klarzukommen. Davor muss aber ein anderes Ziel in Angriff genommen werden: Sie müssen und werden sich selbst besser kennenlernen und bewusster wahrnehmen. Dabei werden Sie herausfinden, was und wer Sie ärgert. Nur mit diesem Wissen und Selbstbewusstsein werden Sie gelassener und souveräner im Umgang mit Ihren schwierigen Arbeitskollegen.

Nach der Lektüre dieses Buches werden Sie sich selbst besser einschätzen können. Außerdem werden Sie schwierige Arbeitskollegen nicht nur mehr verstehen und akzeptieren, sondern vor allem auch deutlich besser mit ihnen zurechtkommen.

Übrigens finden sich Männer wie Frauen unter den „schwierigen" Menschen. Um keine unnötige Diskussion zu entfachen, warum gerade der Intrigant eine Intrigantin ist oder der Unnahbare unbedingt männlich, habe ich mich entschlossen, nur schwierige Männer in diesem Buch auftreten zu lassen. Nicht aus Gründen der Realität, sondern der Einfachheit.

Sie können diesen Ratgeber in beliebiger Reihenfolge durchgehen. Ich empfehle Ihnen allerdings mit dem Kapitel „Psychologische Spielregeln" (S. 9) anzufangen. Denn mithilfe dieses Kapitels lernen Sie sich selbst besser kennen. Darüber hinaus enthält es nützliche Hinweise für die folgenden Kapitel. Ansonsten greifen Sie sich einfach die Abschnitte heraus, die Ihr Interesse wecken.

Jeder Abschnitt ist gleich aufgebaut: Kurzen Praxisbeispielen folgen die typischen Merkmale der einzelnen schwierigen Persönlichkeiten. Anschließend erhalten Sie Empfehlungen, was Sie bei diesen Charakteren lassen bzw. tun sollten. In einem kurzen Anhang erfahren Sie hilfreiche Formulierungsvorschläge für die Arbeitspraxis. Darauf folgt Wesentliches aus Forschung und Praxis zu den jeweiligen schwierigen Typen. Den Schluss jedes Abschnitts bildet „Das Wichtigste in Kürze". Mit diesen Zusammenfassungen haben Sie die Möglichkeit zur gezielten Gesprächsvorbereitung mit Ihren schwierigen Zeitgenossen. Somit vertieft sich nicht nur Ihr Wissen, sondern Sie können Ihr Verhalten erfolgreich ändern, indem Sie das gedruckte Wort in gelebte Praxis verwandeln.

Psychologische Spielregeln

So wie bei einem Fußballspiel gibt es auch für den Umgang mit schwierigen Menschen und Situationen feste Spielregeln. Diese Regeln bilden Rahmenbedingungen, die von allen am Spiel Beteiligten akzeptiert werden. Das Wissen um diese psychologischen Grundvoraussetzungen ermöglicht es uns, unsere Ziele umzusetzen – hier also mit schwierigen Kollegen und Chefs gut klarzukommen.

Den anderen anders sein lassen

„Man kann nicht aus seiner Haut." „Niemand kann über seinen eigenen Schatten springen." „Bleib dir selber treu." Sprichwörter wie diese gibt es viele in allen möglichen Sprachen und seit langer Zeit. Sie deuten an, dass es für Menschen ungemein schwierig ist, sich zu ändern. Besonders schwierig, ja geradezu unmöglich ist es, andere Menschen zu verändern. Denn Sie können niemanden zwingen, anders zu denken, anders zu fühlen oder anders zu handeln. Selbst Psychotherapien sind sinnlos, wenn der Patient selbst nicht den Willen hat, an sich und seiner Situation etwas zu verändern. Im Umgang mit Ihren schwierigen

Kollegen und Chefs bleibt Ihnen also nur eines übrig: **Akzeptieren Sie den anderen als Person. Er ist, wie er ist.**

Damit ist weder gemeint, dass Sie sich ihm gegenüber gleichgültig oder lax geben sollen, noch müssen Sie sein Verhalten gutheißen. Sie sollen Ihn einfach nur als Menschen respektieren. Ihr Ziel ist es ja nicht, den Charakter Ihres Gegenübers zu ändern, sondern gemeinsam mit ihm die beruflichen Aufgaben anzugehen und erfolgreich zu erledigen. Und das auf eine Weise, bei der Sie ein besseres Gefühl haben als bisher, weil Ihnen der Umgang mit den unterschiedlichen schwierigen Typen leichter fällt. Welche Möglichkeiten Sie dabei haben, erfahren Sie im nächsten Abschnitt.

Ich habe die Wahl

Sie haben um 10.00 Uhr einen Termin bei Ihrem Chef. Jetzt ist es bereits 10.25 Uhr und Sie warten immer noch. Was geht Ihnen durch den Kopf?

- „Was versucht er mir damit zu beweisen? Er will wohl meine Reaktion testen."
- „Ich hab mich wohl in der Zeit geirrt ... Vielleicht war es erst morgen? Ich sehe noch mal im Kalender nach ..."
- „Mensch. Mir läuft meine kostbare Zeit davon. Ich hätte schon mindestens fünf Anrufe machen können, mit Klaus das Meeting vorbereiten ... Warum trödelt der da so lange rum? Das halte ich nicht aus!"
- „Hab ich das letzte Mal was falsch gemacht? Der lässt mich bestimmt absichtlich warten? Obwohl, 20 Minuten ist ja noch nicht außergewöhnlich ..."
- „Ob er Jogi Löw oder die Kanzlerin auch so lange warten lässt?"
- „Das ist doch eine Unverschämtheit. Das darf doch nicht wahr sein. Das lass ich mir nicht noch mal gefallen ..."

Wie denken und fühlen Sie in so einer Situation? Welche Aussage entspricht am ehesten Ihren Erfahrungen? Oder vermissen Sie Ihr Reaktionsmuster? Das kann gut sein, denn hier sind nur einige von vielen möglichen Denkmustern dargestellt. Entscheidend ist, dass Sie Folgendes erkennen: Es gibt immer mehrere Perspektiven auf eine Sache. Ein und dieselbe Situation wird von jedem unterschiedlich bewertet. Diese unterschiedliche Bewertung hängt von den verschiedensten persönlichen Faktoren ab wie z. B.: Herkunft, Erziehung, Wertevorstellungen, Erfahrungen und aktuelle Gefühlslage. Sie selbst bestimmen mit Ihrem Denken nicht nur die Einschätzung der Situation, sondern auch Ihre Stimmung. Damit sind wir bei einer weiteren Spielregel: **Nicht nur die Fakten an sich, sondern in erster Linie unsere Bewertungen und Interpretationen dieser Fakten bestimmen unser Denken, Fühlen und Handeln.**

Fakt ist: Es ist 10.25 Uhr. Der Termin war für 10.00 Uhr ausgemacht. In vielen Ländern mit anderen Vorstellungen von Pünktlichkeit (z. B. in Afrika oder Südamerika) wären um 10.00 Uhr weder Chef noch Angestellter da. Es sind also unsere persönlichen Ansichten, die bestimmen, wie wir etwas beurteilen. Daher liegt es folglich ganz allein bei uns und unseren Vorstellungen, welche Situationen und Menschen wir als „schwierig" betrachten.

Da wir weder unser Gegenüber noch eine bestimmte Situation ändern können, bleibt uns nur: Wir müssen uns selbst ändern – in unserem Denken und damit auch Handeln. Sie haben die Wahl, wie Sie mit schwierigen Situationen und Menschen umgehen. **Sie sind die einzige Person, die Sie direkt unter Kontrolle haben.**

Nehmen wir an, Ihr Chef lässt Sie über Nacht eine sehr dringende Präsentation vorbereiten. Dadurch versäumen Sie die Party eines Freundes, auf die Sie sich schon lange gefreut hatten. Als Sie ihm die Präsentation am nächsten Morgen zeigen wollen, sagt Ihr Chef nur beiläufig, das Ganze habe sich erledigt, die Präsentation werde nicht mehr benötigt. Was denken Sie? Was fühlen Sie? Was tun Sie? Auch jetzt haben Sie die Wahl. Sie können Ihren Boss beschimpfen, ihn mit einem Faustschlag niederstrecken, ihn anbrüllen. Oder nur noch fassungslos mit offenem Mund dastehen. Oder losheulen, aus dem Zimmer laufen, kündigen, aus dem Fenster springen. Sie haben unendlich viele Möglichkeiten. Dies ist selbstverständlich keine angenehme Situation und natürlich ärgern Sie sich. Ihr Ärger ist auch berechtigt und völlig in Ordnung. Doch wenn uns unsere Wut, unsere Enttäuschung, unser Zorn, kurz unsere Emotionen, dominieren, können wir nicht mehr klar denken. Wir sind dann in einem Stresszustand und agieren nach dem gleichen Muster, nach dem schon vor Urzeiten die Neandertaler gehandelt haben: mit Weglaufen, Sich-tot-Stellen oder mit Angriff. Zu Urzeiten sind wir in schwierigen Begegnungen mit Grizzlybären oder feindlichen Stämmen tatsächlich weggelaufen oder haben mit unserer Keule zugeschlagen. In unserer zivilisierten Gesellschaft wirken noch die gleichen Mechanismen. Heute sind diese aber (Gott sei Dank!) meist nicht mehr körperlicher, sondern verbaler Natur. Doch hinter beiden Reaktionen, **Flucht** oder **Kampf**, steht dieselbe Motivation: **Angst.** Angst führt dazu, nicht mehr zu sagen, was man wirklich denkt. Das wird Schaden verursachen, weil das Vertrauen zwischen den Gesprächspartnern abnimmt. Gute Gespräche basieren aber auf Vertrauen. Denn nur auf Vertrauensbasis ist ein freier Meinungsaustausch möglich. Haben wir Angst, die anderen könnten unsere Vorstellungen ablehnen, vertreten wir sie entweder mit mehr Nachdruck oder wir halten uns bedeckt.

Wenn wir uns jetzt zurückziehen, bringen wir unsere Meinung absichtlich nicht ins Gespräch ein. Dieses **Rückzugsverhalten** geschieht meist, um befürchtete Probleme zu vermeiden, und kann sich in ganz unterschiedlichen Formen zeigen: Die Spanne reicht vom Meiden einer Person über Schweigen bis hin zur verbalen Maskierung. Verbale Maskierung bedeutet, die eigene Meinung herunterzuspielen und dadurch die Aussage falsch darzustellen, also zu maskieren. Dies geschieht entweder durch Sarkasmus („Deine Idee ist, äh, wirklich genial!") oder durch neblige, verklausulierte Aussagen („Ich frage mich, ob, äh, diese subtilen Nuancen erfasst werden, denn für manche Ideen ist die Zeit einfach noch nicht reif, sodass du vielleicht mit ... äh ... geringfügigen Widerständen rechnen musst."). Gedacht wurde aber: „Ich finde, das ist eine blöde Idee. Sie wird auf gewaltigen Widerstand stoßen."

Beim **Angriffsverhalten** hingegen wollen Sie Ihr Gegenüber verbal dominieren. Dieses Verhalten äußert sich durch Schimpfen, Monologisieren oder Drohen. Die häufigsten Formen davon sind Dominieren, Abstempeln und Attackieren. All diese Verhaltensweisen zeigen auch Ihre schwierigen Kollegen und Chefs (vor allem die Rechthaber und Choleriker). Doch bevor wir uns diesen Typen zuwenden, sollten Sie wissen, wie Sie selbst häufig in Stresssituationen reagieren. Denn das ist die notwendige Voraussetzung für Veränderung und den erfolgreichen Umgang mit sich und Ihren Kollegen und Vorgesetzten. Sie haben die Wahl: Sie müssen nicht so reagieren, wie Sie bisher immer reagiert haben. Im nächsten Abschnitt erfahren Sie, wie Sie in emotional schwierigen Situationen die Kontrolle über sich bewahren, sodass Sie angemessen, gelassen und wirksam handeln können.

Wie verhalte ich mich unter Stress?

Wie oft reden Sie, wenn Sie ruhig sein sollten? Wie oft strafen Sie andere mit Ihrem Schweigen? Wie oft versuchen Sie, Ihren Willen durchzuboxen?

Leider agieren wir in Auseinandersetzungen häufig nicht zielführend. Das liegt daran, dass wir von unseren Ideen und Vorstellungen so abgelenkt sind, dass wir nicht bewusst reflektieren, was wir tun. Wir verhalten uns oft so, dass wir genau das Gegenteil von dem bewirken, was wir wollen. Wichtig ist, in Auseinandersetzungen auf Distanz zu gehen und zu beobachten, welche Wirkung andere bei uns, aber vor allem auch welche Wirkung wir bei anderen auslösen. Wir müssen uns fragen: Welche Emotionen rufen wir bei anderen hervor? Dazu dient die genaue Selbstbeobachtung im entspannten Zustand.

Der folgende kleine Test schult Ihre Selbstwahrnehmung. Er zeigt Ihnen, wie Sie sich bisher verhalten haben. Die Auswertung zeigt Ihnen Ihr typisches Verhalten in angespannten Situationen. Das Ergebnis sagt nichts über Ihren Charakter aus; es beschreibt nur Ihr Verhalten – und das können Sie verändern!

Anleitung
Lesen Sie die folgenden Aussagen und entscheiden Sie sich dann spontan, ob Sie dieses Verhalten von sich kennen.

		Ja	Nein
1.	Ich ignoriere manchmal E-Mails, SMS oder sogar Telefonanrufe, wenn ich mit der Person nichts zu tun haben will.	○	○
2.	Ich wechsle oft das Thema, wenn es mir unangenehm ist.	○	○
3.	Ich meide manchmal bewusst Situationen mit Menschen, mit denen ich Schwierigkeiten habe.	○	○
4.	In der Hitze des Gefechts springe ich mit Gesprächspartnern eher unsanft um. Sie könnten sich durchaus verletzt oder beleidigt fühlen.	○	○
5.	Manchmal übertreibe ich meine Aussagen, wenn sie meine Meinung unterstützen.	○	○

6. Bei schwierigen Themen halte ich mich eher zurück und sage meine Meinung lieber nicht. Ja ○ Nein ○

7. Ich falle anderen schon mal ins Wort und dränge darauf, zu meinem Thema zurückzukommen. Ja ○ Nein ○

8. Wenn andere in meinen Augen dumme Argumente äußern, sage ich das manchmal sehr unverblümt. Ja ○ Nein ○

9. Wenn mich eine Bemerkung ärgert, sage ich schon manchmal Dinge wie: „Das ist doch Quatsch!", „Das ist doch lächerlich!", „Mach mal halblang!" Ja ○ Nein ○

10. Um meinem Ärger Luft zu machen, sage ich oft nicht direkt, was ich denke, sondern mache Witze oder ironische oder sarkastische Äußerungen. Ja ○ Nein ○

11. In richtig hitzigen Diskussionen höre ich manchmal auf zu argumentieren und sage Dinge, die den anderen verletzen könnten. Ja ○ Nein ○

12. Beim Kritisieren fange ich oft erst mit einer Art Kompliment an, um dem Ganzen die Spitze zu nehmen. Ja ○ Nein ○

Auswertung

Bei welchen Fragen haben Sie mit „Ja" geantwortet? Kreuzen Sie einfach in der Rubrik die „Ja"-Antworten an.

Angriffsverhalten	Ja	Rückzugsverhalten	Ja
Attackieren Nr. 4 Nr. 11	○ ○	**Schweigen** Nr. 1 Nr. 3	○ ○
Abstempeln Nr. 8 Nr. 9	○ ○	**Maskieren** Nr. 10 Nr. 12	○ ○
Dominieren Nr. 5 Nr. 7	○ ○	**Vermeiden** Nr. 2 Nr. 6	○ ○

Es ist durchaus möglich, dass Sie in beiden Spalten hohe Werte haben (hoher Wert = ein oder zwei Kreuze pro Bereich). Viele Menschen schwanken zwischen übermäßiger Zurückhaltung und allzu forschem Auftreten. Bisher haben Sie in heiklen Situationen wahrscheinlich nicht immer optimal reagiert. In Zukunft können Sie Ihren Blick schärfen und sich bemühen, nicht wieder in das gleiche Verhaltensmuster zu verfallen. Sie können Ihren gewohnten Stressstil verlassen und sich wirksamer und zielorientierter verhalten. Wie? Das erfahren Sie im nächsten Abschnitt.

Lösungsansätze für schwierige Gespräche

Bisher haben wir gesehen: Es gibt zwei Hauptprobleme in Auseinandersetzungen mit schwierigen Gesprächspartnern: Zum einen sind wir in einem emotional aufgeladenen Zustand, in dem wir nicht klar denken können. Deshalb handeln wir oft ungeschickt und drucksen entweder herum oder werden laut und aggressiv. Zum anderen können wir unser Gegenüber nicht dazu zwingen, sich zu verändern. Es bleibt also nur die Möglichkeit, dass wir uns ändern. Aber wie?

Der erste Schritt zur Veränderung ist die Selbstbeobachtung in kritischen Situationen. Nur wer weiß, was er denkt, und seine Reaktion bewusst wahrnimmt, wird sein Verhalten ändern können. Erst nachdem wir uns beim Denken und Handeln beobachtet haben, sind wir in der Lage, unser Verhalten zu verändern.

Beginnen wir mit dem Denken und unseren Einstellungen. Stellen Sie sich vor, Sie fahren mit dem Auto und geraten in einen Stau. Das ist sicher unangenehm. Vermutlich denken Sie so etwas wie „Mist, jetzt komme ich zu spät." oder „Dass so etwas immer mir passieren muss!" o.Ä. Sie könnten aber auch denken: „Hmm, ein Stau! Endlich mal etwas Entschleunigung in unserer Hektomaten-Welt!"

Schon Laotse sagte: **„Du hast Gedanken, aber du bist nicht dein Gedanke."** Das heißt: Sie haben die freie Wahl, was Sie denken. Probieren Sie es beim nächsten Stau aus. Sie werden sehen: Durch diesen Perspektivenwechsel versetzen Sie sich in eine bessere Stimmung, die weniger emotional aufgeladen ist. Dadurch können Sie klarer denken. Die Frage ist nun: Wie können Sie schnell und intelligent mit Ihren Emotionen umgehen? Und wie können Sie diesen Perspektiven- und Stimmungswechsel rasch umsetzen, wenn Sie mit schwierigen Kollegen in eine Auseinandersetzung geraten?

Negative Emotionen wie Ärger oder Wut werden sowohl durch die Situation und den anderen als auch durch unsere Gedanken verursacht. Diese Gedanken sind in aller Regel:

- *Der andere ist ein ...* Hier können Sie wahlweise Namen und Schimpfwörter einfügen, die Sie Ihren Kollegen oder Chefs in schwierigen Situationen gedanklich geben, etwa: *Idiot, Vollpfosten, Märchenerzähler, Schlamper, Aktionismus-Johnny etc.*

- Der andere hat eine von mir aufgestellte Regel gebrochen. Z. B.: *Zu Meetings erscheint man pünktlich.* Oder: *Wenn jemand redet, darf der andere nicht gleichzeitig auf sein Blackberry schauen.* Oder: *Ich war äußerst freundlich und fair. Der andere hat auch fair zu sein.* Darüber hinaus hat er auch die Verantwortung für diesen Regelverstoß. Das heißt in meiner Vorstellung: *Der darf das nicht. Das hat der absichtlich getan.*

Sehen wir uns diese beiden Gedanken näher an. Dabei zeige ich Ihnen, wie Sie die negativen Vorstellungen so ändern, dass Sie geschickte Gesprächsführer bleiben.

Das geht nur mit Vernunft und nicht mit Wut im Bauch. Durch möglichst schnelles Umschalten unserer Gedanken sind wir wieder handlungsfähig. Das erste Umschalten, also eine Neubewertung der Situation, geschieht durch ein klares **Trennen von Person und Verhalten**. Wenn Sie den anderen mit Schimpfwörtern wie *Idiot* oder *blöde Kuh* betiteln, bezieht sich Ihr Ärger automatisch auf die gesamte Person. Alle guten Eigenschaften, die diesen Menschen sonst noch auszeichnen, verschwinden aus Ihrer Wahrnehmung. Dabei ist er oder sie genauso ein Mensch aus Fleisch und Blut wie Sie, mit besonderen Eigenschaften und Fähigkeiten als Familienvater oder Sportler. Außerdem hat er bestimmte Rechte. Schon in Artikel 1 unseres Grundgesetzes steht: „Die Würde des Menschen ist unantastbar." Das bedeutet, den anderen mit Respekt und Wertschätzung in jeder Situation zu behandeln. Des Weiteren kann Ihr Gegenüber vermutlich tausend Dinge besser als Sie. Das Problem im Moment ist nur dieses speziell für Sie unangenehme Verhalten. Das kommt Ihnen gerade ungelegen. Konkret bedeutet das für Sie: Ändern Sie Ihre gedankliche Bewertung! Und zwar von: *Idiot.* zu: *Der Mensch mir gegenüber ist völlig in Ordnung. Nur sein Verhalten ist schwierig.* Schwierig heißt hier: Es kommt meinem Vorhaben nicht entgegen / kommt mir ungelegen / ist gerade ungünstig. In Kurzform: **Mensch total ok. Verhalten unangenehm.**

Das zweite Umschalten betrifft die selbst aufgestellte Regel, die der andere gebrochen hat. Durch unsere Erziehung, unsere Erfahrungen und Werte glauben wir manchmal, bestimmte Dinge müssten genau so sein, wie wir es uns vorstellen. Nehmen wir z. B. das Thema Pünktlichkeit: Wenn in der eigenen Vorstellung gilt: „Fünf Minuten vor der Zeit, das ist meine Pünktlichkeit", dann erwarten wir vom anderen auch rechtzeitiges Erscheinen. Sprichwörter wie „Wie du mir, so ich dir", „Wie man in den Wald hineinruft, kommt es wieder zurück" drücken genau diese Erwartungshaltung gegenüber dem Verhalten anderer aus. Handelt der andere entgegen unseren Erwartungen, sind wir enttäuscht, wenn es anders kommt. Wenn wir dann auch noch davon ausgehen, dass sich der andere absichtlich „falsch" verhält, um uns zu ärgern, kommt schnell das Gefühl auf: *Das ertrage ich nicht!* So denken viele fleißige Angestellte, dass ihr Chef die hervorragende Arbeit mit Lob und Wertschätzung würdigen müsste. Es kommen Gedanken auf wie: *Zumindest ein Dankeschön könnte man doch erwarten, oder?* Diesen tüchtigen Arbeitnehmern ist zu antworten: Ja, erwarten könnte man ein Lob oder einen Dank schon. Leider ist dies aber eine sogenannte **irrationale Muss-Annahme**. Dies bedeutet: Es ist nicht rational-vernünftig, sondern irrational anzunehmen, dass sich mein Gegenüber auf irgendeine vorhersehbare Weise verhalten *muss*. Natürlich wäre es schön und für die Motivation förderlich, wenn der Vorgesetzte Anerkennung für die geleistete Arbeit geben würde. Doch das muss er nicht. Der Glaubenssatz „Wenn ich viel arbeite, muss der mich loben" stimmt nicht. Er ist nur die Formulierung eines irrationalen Gedankens. Genauso irrational ist der Glaube, dass der andere anständig/fair/freundlich etc. sein muss. Denn der andere muss überhaupt nichts.

Um zukünftig gelassener und souveräner in ungünstigen Situationen zu reagieren, heißt das für Sie: **Denken Sie sich gelassen!** Bewerten Sie Situationen und Menschen anders.

Statt irrational zu denken:	Denken Sie zukünftig ration
Der andere darf das nicht!	Der darf das!
Der andere muss!	Der muss gar nichts!
Das halte ich nicht aus!	Natürlich halte ich das aus. Ich habe schon Schlimmeres ausgehalten!

Entscheidend ist, dass Sie sich Folgendes immer wieder bewusst machen: **Das Denken beeinflusst unser Fühlen.** Wenn wir unsere negativen Gedanken infrage stellen und zum Positiven verändern, werden auch unsere Gefühle und Empfindungen positiver.

Das Wichtigste in Kürze

- Beachten Sie die psychologischen Spielregeln der Kommunikation.
- Sie können niemanden gegen seinen Willen ändern. Akzeptieren Sie den anderen so, wie er ist.
- Sie haben die freie Wahl, wie Sie Fakten interpretieren. Mit Ihrer Bewertung bestimmen Sie Ihr Denken und Handeln.
- Unter Stress handeln wir emotional entweder mit Flucht- oder Angriffsverhalten. Erkennen Sie Ihre Muster, dann können Sie sich ändern.
- Unterscheiden Sie bei Auseinandersetzungen klar zwischen der Person und Ihrem Verhalten. Der Mensch ist ok, seine Würde unantastbar. Nur sein Verhalten ist im Moment für Sie ungünstig oder schwierig.
- Denken Sie sich gelassen und vermeiden Sie irrationale Muss-Annahmen! Der andere muss nicht Ihren Erwartungen entsprechen. Er darf sich schwierig verhalten. Und Sie können das aushalten!

Umgang mit komplizierten Kollegen

Der Rechthaber

> **BEISPIEL**
>
> Max (26) arbeitet seit vier Monaten im Marketing einer größeren Firma. Er trifft dort auf viele unterschiedliche Typen, mit denen er auf die eine oder andere Art zusammenarbeiten muss. Heute trifft er auf seinen direkten Teamkollegen Alexander, der schon acht Jahre in diesem Unternehmen ist. Gemeinsam mit ihm soll er neue Tintendrucker für die Abteilung besorgen.
>
> Max informiert sich am Abend in seiner Freizeit im Internet über die besten Angebote und trifft sich am nächsten Morgen im Büro voller Elan mit Alexander, um ihm seine Vorschläge zu unterbreiten. Er nennt ihm die drei günstigsten Varianten, doch Alexander meint nur: „Das war ein Fehler, sich auf diese Drucker zu konzentrieren. Wir brauchen hier gute Markendrucker." Als Max ihm klarmachen möchte, dass die Funktionen die gleichen sind wie bei den Markendruckern und die Kosten der später notwendigen Füllpatronen deutlich geringer ausfallen werden, meint Alexander: „Ja, aber dafür sind sie dann auch früher kaputt." Anschließend doziert Alexander zwei

Minuten lang über die Robustheit, Zuverlässigkeit und vor allem über seine enormen Erfahrungen mit Druckern. Er betont, dass die billigen Produkte immer Ärger gemacht haben. Seine Predigt endet mit der Bemerkung, dass Max frisch von der Uni kommend zwar die Theorie, aber noch lange nicht die Praxis kennt. Alexander rät dem jüngeren Kollegen, etwas zurückhaltender bei seinen Bewertungen zu sein. Max ist jetzt verunsichert. Trotzdem weist er noch vorsichtig auf die Einbauteile der Drucker hin. Bei den wesentlichen Bauteilen bestehe nämlich gar kein Unterschied. Doch da kommt Alexander erst richtig in Fahrt. Erst bestreitet er die Richtigkeit von Max' Aussage. Dann belehrt er ihn über Testverfahren und wie deren Ergebnisse zu interpretieren seien. Schließlich rechnet er Max vor, wie ständig viel Geld durch billige Produkte vernichtet wird.

Max fühlt sich auf einmal ziemlich dumm. Er kann Alexander nichts mehr entgegnen, außer dass er sich um die neuen Markendrucker kümmern wird. Als Max das Büro wieder verlässt, ist von seinem Elan nichts mehr zu spüren.

Typisch rechthaberisch

Wie wir im Beispiel sehen können, zeichnen einen typischen Rechthaber wie Alexander zwei Komponenten aus: Zum einen ist er ein **Besserwisser**, der sein gewaltiges Wissen wie eine Monstranz vor sich her trägt und in allen Diskussionen das letzte Wort behält. Zum anderen ist er ein **Starrkopf**, der sich an seine festen Überzeugungen klammert und sich nicht davon abbringen lässt. Die doppelte Schwierigkeit „Schulmeister plus Dickschädel" löst zwei negative Gefühle aus: Erstens fühlen wir uns ständig belehrt. Zweitens kommt es uns so vor, als ob wir mit unserer eigenen Meinung gegen eine Wand laufen. Bevor ich Ihnen geeignete Lösungen an die Hand gebe, sehen wir uns vorher noch etwas die **Verhaltensweisen** und typischen **Formulierungen** der Rechthaber genauer an.

Ein Neunmalkluger weiß alles ganz genau und ganz sicher. Sein enormes Wissen begründet er häufig mit seiner langen Berufserfahrung. Er nervt uns, weil er sich ungefragt wie eine wandelnde Enzyklopädie einmischt und uns belehrt. Er tadelt uns gern für Nichtwissen und macht aus harmlosen Unterhaltungen ein Quiz – bei dem der Gewinner natürlich von vornherein feststeht. Außerdem ärgert er uns, weil er immer bestimmen will, wo es lang geht. Sind wir nicht seiner Meinung, streitet er uns unsere Fachkompetenz ab. Seine eigene Position verteidigt er mit einer solchen Sturheit und Penetranz, dass wir irgendwann erschöpft aufgeben. Häufige **Formulierungen** von diesen Starrköpfen sind:

Ja, aber ... Im Beispiel: Als Max auf die Vorteile günstiger Füllpatronen hinweist: „Ja, aber dafür sind sie dann auch früher kaputt."

Das sehen Sie falsch. Das stimmt nicht. Das ist ein Fehler! So beginnen die Rechthaber, um dann auf die eigene Position als die richtige hinzuführen. Im Beispiel entgegnet Alexander den Vorschlägen von Max: „Das war ein Fehler, sich auf diese Drucker zu konzentrieren. Wir brauchen hier gute Markendrucker."

Mit meiner langen Erfahrung ... Wie ich im Gespräch mit Professor Schallau erfahren habe ... Die Studie ‚Meta-analytics' zeigt eindeutig ... Hinweise auf Berufserfahrungen und den riesigen Wissensschatz sowie Zitate von wichtigen Geistesgrößen und aus wissenschaftlichen Studien sollen die unumstößliche Glaubwürdigkeit der Rechthaber stützen.

Diese Interaktion erscheint mir sophistisch und defätistisch ... Fremdwörter und Fachbegriffe benutzen Besserwisser, um ihre Klugheit und Überlegenheit zu demonstrieren und dem anderen ein Gefühl von Unvermögen und Unterlegenheit zu vermitteln.

Jetzt passen Sie mal auf, was ich Ihnen zu sagen habe. Sie müssen das folgendermaßen sehen ... Der Besserwisser demonstriert gern wie ein Oberlehrer Überlegenheit, die er mit solchen Sätzen ausdrücken will. Damit will er zum einen verdeutlichen, dass er recht hat. Zum anderen möchte er Sie und Ihre Meinung dominieren.

Was Sie gegen die festgefügten Meinungen der Rechthaber tun können bzw. lassen sollten, erfahren Sie nun im Folgenden.

Was Sie lassen sollten

Da wir uns in Gesprächen mit Rechthabern meist ärgern, tendieren wir zu einer emotionalen Reaktion. Intuitiv bewerten wir den anderen als negative Person; in uns kommt Unmut auf. Im schlimmsten Fall reagieren wir mit Flucht oder Angriff. Wie wir bereits festgestellt haben, sind dies beides ungünstige Verhaltensweisen. Je nach Situation und eigenem Persönlichkeitsmuster wollen wir den Rechthaber beschwichtigen oder auflaufen lassen. Beides ist nicht zielführend.

Beispiele für Fluchtverhalten:
Sie geben dem Besserwisser um des lieben Friedens willen recht. Dieses Nachgeben bringt für die aktuelle Situation einen Scheinfrieden und für Sie eine gewisse Erleichterung. Das störende Verhalten des Besserwissers verändert sich aber langfristig nicht. Im Gegenteil: Auf Dauer besteht die Gefahr, dass sich Ihre Beziehung zu dem Besserwisser verschlechtert. Dann wird aus einem einmaligen Konflikt Verbitterung und Feindschaft.

Sie schmeicheln und loben den Besserwisser. Vor allem generelles Loben wie „Toll, wie Sie dieses Problem wieder angegangen sind. Sie sind großartig ...!" sollten Sie vermeiden, und zwar aus folgenden Gründen: Das Lob wird wahrscheinlich falsch verstanden. In Unternehmen erfahren Mitarbeiter häufig dann Lob und Anerkennung, wenn von ihnen noch mehr Einsatz und Arbeit erwartet wird. Diese Erfahrungen machen skeptisch. Außerdem wirkt Ihr Lob beim Besserwisser vermutlich unecht und schmeichlerisch, da Sie den anderen eigentlich gar nicht loben wollen. Sie wenden hier die *Fassadentechnik* an. Das bedeutet: Sie sagen nach außen (an der Fassade) etwas anderes, als Sie in Ihrem Innern denken und fühlen. Dieser Widerspruch zwischen „Innerung" und Äußerung ist meist an Ihrem Verhalten erkennbar. Ihr Lob wirkt nicht authentisch.

Beispiel für Angriffsverhalten:
Sie widersprechen dem Rechthaber und geben ordentlich Kontra. Dies ist keine empfehlenswerte Intervention. Vielleicht ist es ein gutes Ventil für Ihre Aggression. Doch das treibt den Rechthaber nur an, sich erneut zu beweisen. Sie lassen sich in ein unnützes Kräftemessen hineinziehen, das der Besserwisser unbedingt gewinnen will.

Was Sie tun sollten

Beginnen wir bei uns und unserer Bewertung der Situation und des Gegenübers. Wichtig ist, dass wir schnell von unseren Emotionen loskommen, um rational-vernünftig denken zu können. Das gelingt, wenn Sie sich aus der Anspannung heraus und in Gelassenheit hineindenken. So denken Sie sich handlungsfähig.

Im entspannten Zustand konzentrieren Sie sich nur darauf, was Sie wirklich wollen. Das ist normalerweise nicht Streit mit dem Rechthaber, sondern gemeinsam mit ihm eine Aufgabe zu lösen. Um aus Ihrem Flucht- oder Angriffsmodus herauszukommen, stellen Sie sich Zielfragen:

- Was will ich für mich?
- Was will ich für das Unternehmen / das Projekt / die Aufgabe?
- Was will ich für unsere Beziehung?
- Wie verhalte ich mich optimal, um dieses Ziel zu erreichen?

Unterscheiden Sie zwischen der Person und ihrem Verhalten. Der Mensch mir gegenüber ist völlig in Ordnung. Nur sein Verhalten ist schwierig.

Zeigen Sie dem Besserwisser, dass Sie ihm aufmerksam zuhören. Signalisieren Sie Ihr Interesse mit Blickkontakt, Nicken, zugewandter Körperhaltung und kurzen Einwürfen wie „mhm", „aha". Unterbrechen Sie ihn nicht. Lassen Sie ihn ruhig zu Ende reden. Damit drücken Sie Ihren Respekt aus.

Wiederholen Sie die Äußerungen Ihres Gegenübers. Mit der Technik der „Paraphrasierung" können Sie unsachliche Anteile herausfiltern. So spiegln Sie nur den sachlichen Kern der Aussage wider. Außerdem signalisieren Sie mit dieser Technik, dass Sie wirklich zuhören und den anderen wertschätzen. Darüber hinaus haben Sie die Möglichkeit zu überprüfen, ob Sie den anderen auch wirklich richtig verstanden haben.

Widersprechen Sie nicht direkt, sondern kleiden Sie Ihre Kritik in Frageform. Mit dieser Technik fühlt sich der Rechthaber nicht angegriffen. Dadurch argumentiert er nicht emotional, sondern sachlich. Sagen Sie nicht „Davon halte ich nichts!", sondern „Wie wäre es, wenn wir ...?".

Geben Sie dem Besserwisser vorsichtiges Lob durch Feedback. Immer wenn der Rechthaber etwas Positives geleistet hat, können Sie ihn mit vorsichtigem Lob unterstützen. Damit machen Sie deutlich, dass Sie ihn und seine Arbeit akzeptieren. Achten Sie dabei auf persönliche Formulierungen und begründen Sie das Feedback. Also nicht „Man sagt" oder „Unsere Abteilung findet, Ihr Bericht war gut", sondern: „Ich fand Ihren Bericht sehr gut, denn ich konnte ihn aufgrund der logischen Struktur und der klaren Sprache schnell verstehen."

Weitere hilfreiche Formulierungen im Gespräch mit Rechthabern erhalten Sie im nächsten Abschnitt.

Toolbox: Hilfreiche Formulierungen

Aufmerksames Zuhören

Ermunternde Einwürfe nennt man auch „soziales Grunzen" oder Gesprächsverstärker. Sie signalisieren dem Gesprächspartner Interesse und Wertschätzung.

- „Mmh.", „Aha."
- „Interessant.", „Das hört sich spannend an."
- „Ok.", „Gut.", „Verstehe."
- „Tatsächlich?", „Ah, und wie haben Sie dann reagiert?"
- „Ach was?", „Das gibt's doch nicht."

Paraphrasieren

Sie vergewissern sich, dass Sie den anderen richtig verstanden haben. Dazu wird das Gesagte in eigenen Worten wiederholt, um den Sachverhalt zu klären.

- „Ich habe Sie jetzt so verstanden, ..."
- „Verstehe ich Sie richtig ...?"
- „Sie meinen also ..."
- „In anderen Worten ..."
- „Für Sie ist also besonders wichtig ..."
- „Ich fasse mal kurz zusammen ... Gebe ich das richtig wieder?"

Widerspruch in Frageform

Wer fragt, der führt. Diese Erkenntnis gilt vor allem dann bei Besserwissern, wenn wir anderer Meinung sind und das Gespräch lösungsorientiert weiterführen wollen. Da direkte Kritik Widerstand auslöst, bieten sich vor allem Fragen über mögliche Situationen und Szenarien an:

- „Was würde denn passieren, wenn ...?"
- „Woran könnten wir erkennen, dass ...?"

- „Angenommen der Betriebsrat entscheidet dagegen, was …?"
- „Wie muss ich das verstehen, wenn Sie …?"
- „Welchen Lösungsansatz sehen Sie hier?"
- „Wie stellen Sie sich diese Neuverteilung genau vor?"
- „Wie werden unsere Aktionäre wohl auf diesen Plan reagieren?"
- „Nur mal als Gedankenspiel: Welche Voraussetzungen müssten denn erfüllt sein, damit …?"

Vorsichtiges Lob durch Feedback

Ehrliche Anerkennung und ein aufrichtiges Kompliment bieten einen guten Weg, einen Rechthaber für sich zu gewinnen. Allgemeines Lob wird schnell als Schmeichelei empfunden. Um überzeugend zu wirken, sollte das Feedback spezifisch und begründet sein.

- „Ich habe gehört, Sie haben den Zuschlag für das neue Projekt bekommen. Meinen herzlichen Glückwunsch dazu!"
- „Sie sprechen hier einen wichtigen Punkt an. Denn genau darüber haben wir im Team lange Zeit nachgedacht."
- „Ich fand Ihre Präsentation inspirierend, weil sie sehr klar die neuen Optionen für unser Unternehmen dargestellt hat."
- „Ich möchte mich ausdrücklich für Ihre E-Mail bedanken, weil Sie für mich damit sehr präzise die Problemstellung unseres Projektes analysiert haben."
- „Sie wirken so gut gelaunt. Wie schaffen Sie das bei all der Hektik im Moment?"

Wissenswertes: Psychologische Erkenntnisse für die Überzeugung von Rechthabern

„Früher war ich selbstkritisch. Heute bin ich perfekt." So lässt sich die Selbsteinschätzung von Rechthabern scherzhaft auf den Punkt bringen. Ihnen fehlt die Fähigkeit zur Selbstkritik.

Deshalb sind sie so schwer von ihrem Standpunkt abzubringen. Besserwisser wissen zwar viel, aber nicht, dass sie Besserwisser sind.

Durch die Psychologie wissen wir mittlerweile viel über die Denk- und Verhaltensweise von Rechthabern. Lassen Sie uns die wichtigsten Erkenntnisse ansehen und herausfinden, wie Rechthaber ticken und welche Erkenntnisse die Psychologie bereithält, um Starrköpfe zu überzeugen.

Gehen wir noch einmal zurück in die Firma von Max und Alexander. Ein neues Serversystem soll eingeführt werden (einfache Begriffserklärung von „Server": Computer, auf dem alle Daten der Firma gesammelt und gesichert werden). Es gibt zwei Möglichkeiten: Entweder werden die Daten innerhalb der Firma oder bei einem Dienstleister außerhalb der Firma gespeichert. Die Speicherung außerhalb nennt man Cloud. Nun bilden sich zwei Lager: Alexander bevorzugt den Server innerhalb, Max die Cloud. Beide Varianten haben Vor- und Nachteile. Wir betrachten jetzt nicht die Pro- und Kontra-Argumente, sondern das Verhalten der beiden Lager. Beide Kollegen suchen ausschließlich nach Hinweisen, die die eigene Meinung stützen. Durch seinen rechthaberischen Charakter ist diese Tendenz bei Alexander stärker ausgeprägt.

Dieses Verhalten nennen Psychologen **Bestätigungsfehler**; der englische Fachbegriff lautet **confirmation bias**. Besonders stark fällt dieser Effekt aus, wenn es sich um emotional aufgeladene Themen handelt. Denn dabei sind die Ansichten sehr stark verankert. Beispiele aus dem täglichen Leben sind Einstellungen zu Themen wie: Homöopathie, Frauenquote, Genfood, Kernenergie usw. Statt nach allen relevanten Informationen zu suchen, fragen wir einseitig: **Was spricht dafür, dass ich recht habe?** Die Belege aus der Forschung sind eindeutig: Sobald wir eine Meinung zu einem Thema haben, wollen wir diese stärken und verteidigen. Unsere Sicht der Dinge verengt sich: **Wir sehen nur, wonach wir suchen.** Dieser Kernsatz des Bestätigungsfehlers zeigt sich deutlich bei konkreten Situationen.

Nehmen wir ein Beispiel aus dem Berufsalltag: Brainstorming. Psychologen haben nachgewiesen, dass das freie Herumprobieren in der Gruppe durchschnittlich weniger und schlechtere Ideen produziert als Einzelarbeit oder andere Organisationsformen. Trotzdem glauben viele Anhänger von Brainstorming, dass die Technik funktioniert. Weil ab und zu auch einmal eine gute Idee dabei herauskommt. Das reicht als Bestätigung. Wir sehen: Entscheidend ist nicht die tatsächliche Faktenlage, sondern unser subjektives Gefühl. Das heißt: Wir fragen uns nicht in erster Linie „Wie sind die Fakten?", sondern: „Finde ich das gut oder schlecht?" Wir glauben eher Dinge, von denen wir uns wünschen, dass sie wahr sind. Deshalb fallen wir auch auf Angebote herein, die zu gut sind, um wahr zu sein, wie z. B. schnelles Geld, schnelle Heilung, Blitzdiäten u. Ä. Wir verlangen sehr wenige Belege für das, was wir selbst gerne glauben möchten. Wir schenken Argumenten Glauben, weil sich diese Argumente gut anfühlen. **Wichtig ist folglich nicht, was wahr ist, sondern dass es sich beim anderen wahr anfühlt.**

Diese Erkenntnis hat der ehemalige US-Präsident George W. Bush schon im Jahr 2002 auf den Punkt gebracht: „Ich verbringe nicht viel Zeit mit Meinungsumfragen, um herauszufinden, ob das, was ich glaube, richtig ist. Ich muss nur wissen, was ich fühle." Präsident Bush galt auch als stur und besserwisserisch. Doch Vorsicht: Generell ticken wir alle so. Wenn uns das jedoch bewusst ist und wir nicht allzu stur an unseren Denkweisen festhalten, ist der Bestätigungsfehler nicht problematisch, sondern nur menschlich. Dazu sollten wir uns auch die Aussage eines anderen Amerikaners, Mark Twain, vor Augen halten: „Nicht was du nicht weißt, bringt dich in Schwierigkeiten. Sondern das, was du ganz sicher weißt und das falsch ist."

Unsere Aufgabe bei Besserwissern ist somit: herauszufinden, was sich bei ihnen wahr und gut anfühlt. Das sind in der Regel deren eigene Argumente. Deshalb ist es ratsam, bei jedem Gespräch, das auf Veränderung oder Beeinflussung abzielt, neben den eigenen Überzeugungen auch die des Besserwissers einzubeziehen. Diese Vorgehensweise nennt sich **Inokulations-Technik**. Wir „injizieren" die Argumente der Gegenseite in geringer Dosierung am Anfang des Gesprächs. In unserem Beispiel mit dem Server-Thema hätte Max so beginnen können: „Alexander, du möchtest also den Server hier bei uns stehen haben. Dafür sprechen ja auch gute Gründe wie sofortige Verfügbarkeit und die Sicherheit. Ich möchte dir trotzdem kurz darlegen, warum ich für die Cloud-Lösung bin ..." Wichtig beim Einsatz der Inokulations-Technik: Zuerst immer die Standpunkte der Gegenseite nennen, dann die eigenen Argumente anführen. So fühlt sich der Rechthaber verstanden und ist eher bereit, Ihren Ausführungen zu folgen. Denn die zuerst genannten eigenen Ideen fühlen sich ja wahr und gut an.

Was sich außerdem generell für jeden und damit auch für Besserwisser gut anfühlt: **Benutzen Sie nur wenige Argumente.** Wir alle leiden unter dem Fluch der Moderne: Das Leben hält zu viele Möglichkeiten bereit. Dieses Phänomen heißt **Entscheidungsüberlastung**; der englische Fachbegriff lautet **choice overload**. Für die Überzeugungsarbeit bei einem Sturkopf ist deshalb wichtig: Überfordern Sie ihn nicht mit zu vielen Argumenten. Verhindern Sie, dass Ihr Gegenüber zu viele Informationen beachten muss. Zu viele Argumente verwirren nur und verringern somit Ihre Überzeugungskraft. Das Motto lautet also: **„Weniger bewirkt mehr!"** Auch in amerikanischen Geschworenengerichten gilt die Regel des „Weniger ist mehr." Anwälte in den USA lernen: „Du verlierst die Geschworenen mit zehn Argumenten. Mit zwei oder drei guten Argumenten gewinnst du sie."

Damit ich Sie als Leser nicht verliere, halte ich mich jetzt auch an dieses Motto und beende diesen Abschnitt. Im nächsten erfahren Sie noch einmal das Wesentliche über den Rechthaber in wenigen Worten.

Das Wichtigste in Kürze

Typisch Rechthaber
- Ein Rechthaber ist eine Kombination aus Besserwisser und Sturkopf. Ein Schulmeister mit einem Dickschädel.
- Rechthaber glauben nicht. Sie wissen.

Häufig sagen Rechthaber:
- Ja, aber ...
- Das stimmt nicht!
- Meine Erfahrung zeigt, ...
- Passen Sie mal auf. Wir machen das so ...

Warnungen! Bitte nicht:
- Reizen und ärgern lassen
- Um des lieben Friedens willen nachgeben
- Schmeicheleien
- Widerspruch und lange Diskussionen

Empfehlungen
- Denken Sie sich handlungsfähig: durch Zielfragen wie „Was will ich erreichen?" oder durch Unterscheiden zwischen der Person und deren Verhalten.
- Seien Sie aufmerksam!
- Wiederholen Sie die Argumente des Rechthabers.
- Widersprechen Sie durch Fragen
- Loben Sie durch ehrliches Feedback mit Begründung

Wissenswertes
- Alle Menschen – Rechthaber in besonderem Maße – suchen nur nach Informationen und Argumenten, die ihre Meinung unterstützen (Bestätigungsfehler). Sie fragen einseitig: „Was spricht dafür, dass ich recht habe?"
- Wenn Sie in Diskussionen Rechthaber überzeugen wollen, beachten Sie: Entscheidend ist nicht die Wahrheit, sondern was sich beim anderen wahr anfühlt.
- Nennen Sie zuerst die Argumente des Rechthabers, dann Ihre eigenen (Inokulations-Technik).
- Nennen Sie nur wenige Argumente. Weniger bewirkt mehr!

Der kreative Chaot

> **BEISPIEL**
>
> Heute trifft sich Max mit einem anderen Kollegen aus der Marketingabteilung, Carlos. Die beiden arbeiten an einem neuen Standkonzept für den nächsten Messeauftritt der Firma. Gemeinsam mit einer Agentur hatten sich alle beim letzten Treffen auf eine Lösung geeinigt.
>
> Heute soll der von der Agentur fertig ausgearbeitete Plan zum Messebauer geschickt werden. Der Termin ist entscheidend, da sonst die Fertigstellung vom Messebauer bis zum Messebeginn nicht mehr garantiert werden kann. Max wartet bereits seit 20 Minuten im Meetingraum. Vor 10 Minuten hatte er eine SMS von Carlos bekommen, dass er in 5 Minuten da sei. Nach weiteren 5 Minuten erscheint Carlos endlich. Er wirkt abgehetzt und entschuldigt sich überschwänglich für sein Zuspätkommen. Er habe noch mit der Agentur telefonieren müssen und auf dem Weg zum Meeting den Vertriebsleiter und den Produktionschef getroffen. Doch jetzt habe er eine neue Idee für den Messestand. Statt sechs Räumen könne man acht schaffen und gleichzeitig durch einen neuen Farbcode mehr Transparenz bieten. Dies würde auch der neuen Unternehmensstrategie besser entsprechen. Dazu habe er ein paar neue Skizzen entworfen.
>
> Der Einwand von Max, dass die Zeit dränge und man sich doch beim letzten Mal bereits geeinigt habe, entkräftet er mit vielen stimmungsvollen Worten und meint, dass das schon irgendwie gehen wird. Max fragt nach den Skizzen, Carlos sucht in seinen Unterlagen, kann die Skizzen aber nicht finden. Jetzt klingelt auch noch sein Handy. „Der Farbdesigner der Agentur", flüstert Carlos und verschwindet aus dem Raum. Entgeistert und sprachlos bleibt Max zurück und denkt sich: „Jetzt treibt er es aber wirklich zu bunt!"

Typisch chaotisch

Das Problem mit Typen wie Carlos ist: Im Grunde Sie sind sehr liebenswerte Mitmenschen mit vielen guten Eigenschaften. Einige Charakterzüge von ihnen machen uns das Leben jedoch schwer. Sehen wir uns diese genauer an: Meist sind kreative Chaoten sehr umgänglich und kommunikativ. Ohne Scheu gehen sie auf Menschen zu, sind freundlich im Ton und beschwingt im Wesen. Deshalb werden sie von vielen Mitarbeitern und Kunden geschätzt. Meist besitzen sie auch ein gutes Einfühlungsvermögen. Bei Meetings, in denen es um Ideenfindung geht, sprudeln sie nur so vor Einfällen. Sie können hervorragend querdenken, aus bewährten Denkmustern ausbrechen und mit ungewöhnlichen Anregungen einen Workshop bereichern. Mit ihrem Redestil können sie Stimmungen erzeugen und die Zuhörer in ihren Bann ziehen. Manchmal gehen sie mit ihren Erzählungen zu weit, werden theatralisch und schweifen vom Thema ab. Die nüchterne Bearbeitung eines Berichts langweilt sie sehr. Deshalb werden sie bei solchen Aufgaben nachlässig und versuchen, diese Arbeit auf andere abzuwälzen. Da sie zum einen nicht richtig Nein sagen können und zum anderen gerne an vielen Dingen gleichzeitig arbeiten, haben sie immer sehr viel zu tun. Telefonieren und nebenbei lesen, essen, im Internet surfen oder chatten sind bei ihnen nicht die Ausnahme, sondern die Regel. Bedingt durch dieses Multitasking fehlt ihnen nicht nur die nötige Präzision und Aufmerksamkeit, sondern sie sind auch so verplant, dass sie häufiger etwas vergessen. Auch ihre Pünktlichkeit leidet unter ihrem Verhalten. Kurz: Wer mit kreativen Chaoten zusammenarbeitet, kann sich auf Abwechslung und ungewöhnliche Ideen freuen. Gleichzeitig muss er sich aber auf Unpünktlichkeit und Unzuverlässigkeit einstellen.

Was Sie lassen sollten

Sich über den kreativen Chaoten aufregen. Denken Sie an den Grundsatz aus dem Kapitel „Psychologische Spielregeln" (S. 9): Sie ärgern sich über das Verhalten und nicht über die Person.

Es gibt keine Schlamper oder sorglose Schlendriane, sondern nur nette Menschen mit „schwierigen" Verhaltensweisen.

Dem anderen mal richtig die Meinung sagen und ihm Vorwürfe machen. Wir ärgern uns, weil der andere nicht unseren Erwartungen entspricht. Deshalb wollen wir ihm in unserem verärgerten Zustand mal richtig die Meinung geigen. Meist äußern wir uns dann spontan mit Formulierungen wie: „Immer kommst du zu spät!", „Ständig vergisst du etwas!", „Nie erledigst du, was du sollst!", „Kannst du nicht einmal was zu Ende bringen!", „Immer kommst du mit etwas Neuem daher!" etc. Das erzeugt bei unserem Gegenüber aber nur Widerstand, Empörung und das Gefühl, sich lang und breit rechtfertigen zu müssen. Im schlimmsten Fall resignieren diese Menschen und ziehen sich völlig zurück.

Den anderen ändern wollen. Oft wird auch versucht, den chaotischen Typen umzuerziehen. Er soll sich endlich ändern. Wir sagen dann z. B.: „Du musst dringend mal einen Kurs für Zeitmanagement besuchen!", „Mensch, pass doch endlich mal besser auf!", „Du musst dich endlich mal konzentrieren!", „Du musst dieses Projekt verdammt noch mal zu Ende bringen!", „Dein Vorschlag ist völliger Quatsch! Erst denken. Dann reden!"

Mit diesen Äußerungen erreicht man leider nichts, außer ein wenig Dampf abzulassen. Denn der andere ändert sich nicht, wenn Sie es wollen, sondern nur wenn er selbst es will. Allgemeine Vorwürfe wie „immer", „nie" oder „endlich mal" bringen den anderen nicht zur Vernunft, sondern treiben ihn geradewegs in den Widerstand.

Was Sie tun sollten
Akzeptieren Sie die Andersartigkeit. Sehen Sie den ganzen Menschen mit seinen Vor- und Nachteilen. Sein Verhalten ist manchmal Fluch und manchmal Segen. Wenn das Verhalten des kreativen Chaoten für Sie Fluch, also ungünstig ist und Sie sich ärgern, dann heißt das: Erkennen Sie schnell Ihr automatisches

Denkmuster *(Der darf das nicht!)* und ersetzen Sie es durch eine neue Bewertung, die Sie wieder vernünftig handeln lässt *(Der darf das!)*. So denken Sie sich rasch wieder handlungsfähig und erreichen die notwendige Gelassenheit für eine mögliche Lösung der Situation.

Kritisieren Sie das schwierige Verhalten konstruktiv. Wenn der Chaot unpünktlich ist oder nicht gewissenhaft genug gearbeitet hat und so Fehler entstanden sind, sagen Sie es ihm in der sogenannten **Ich-Form**. Mit Ich-Form ist gemeint, das störende Verhalten aus eigener Perspektive konkret zu beschreiben. Z. B.: „Es ärgert mich, dass Sie heute zum dritten Mal in Folge 10 Minuten zu spät kommen." Oder in dem Beispiel mit Carlos: „Ich bin im Moment völlig überfordert mit deinen Vorschlägen. Wir haben heute die feste Terminabgabe. Wenn wir uns nicht daran halten, stellt das unseren Messeauftritt infrage. Wie können wir diese Blamage vermeiden?"

Natürlich wissen wir nicht genau, wie Carlos darauf reagieren wird. Doch zumindest wird er zuhören, nachdenklich werden und vermutlich eine gewisse Bereitschaft zur Klärung der Situation zeigen. Und das ist doch schon ein guter Anfang, oder?

Fordern Sie nicht, fragen Sie! Im Gegensatz zum Rechthaber sind sich kreative Chaoten der Folgen ihres Handelns bewusst. Sie wissen, dass ihre Unpünktlichkeit andere ärgert und dass Ungenauigkeiten Probleme verursachen können. Diese Künstlertypen glauben aber auch, dass dies untrennbar mit ihrem kreativen Wesen verbunden ist. Deshalb wenden sie im Zweifel mehr Zeit mit der Suche nach guten Entschuldigungen fürs Zuspätkommen auf als mit Bemühungen, pünktlich zu sein. Versucht man ihre Autonomie mit Befehlen zu untergraben, reagieren sie trotzig mit ihrem gewohnten chaotischen Verhalten. Umgekehrt gilt: Je mehr man sich um sie bemüht und freundlich nach einer Änderung des Verhaltens fragt, desto eher bekommen sie ein schlechtes Gewissen und versuchen, den Wünschen der anderen nachzukommen.

Loben Sie das positive Verhalten. Zielführend für den Umgang mit dem kreativen Chaoten mit seiner positiven „Segens-" und seiner negativen „Fluch-Seite" ist Folgendes: Ermuntern Sie den Künstlertypen immer dann, wenn er die Segens-Seiten seiner Persönlichkeit zeigt! Entmutigen Sie ihn, wenn er die Fluch-Seite demonstriert! In unserem Beispiel bedeutet das: Wenn Carlos zu viel und zu blumig spricht, sollte Max nur einsilbig und uninteressiert antworten. Liefert er dagegen handfeste Informationen, nickt Max anerkennend und stellt interessierte Fragen. Kommt Carlos' chaotische Person pünktlich, zeigt Max seine Freude und lobt ihn dafür. Durch die dezente Ablehnung des negativen und die ausdrückliche Befürwortung des positiven Verhaltens ist es wahrscheinlich, dass sich das Verhalten des Chaos-Typen langsam, aber kontinuierlich verbessert.

Toolbox: Hilfreiche Formulierungen
Wie kritisiere ich den kreativen Chaoten konstruktiv? Beschreiben Sie das störende Verhalten aus eigener Sicht. Durch die Formulierung in der Ich-Form erzeugen Sie bei Ihrem Gesprächspartner eher Verständnis als Abwehr. Sie sagen ehrlich, was Sie meinen. So verletzen oder ärgern Sie Ihr Gegenüber nicht, sondern stimmen ihn betroffen und nachdenklich. Orientieren Sie sich an folgenden Formulierungen:

- „Ich stelle fest, in dieser Präsentation sind auf der Titelseite drei Rechtschreibfehler. Ich glaube, das macht keinen guten Eindruck beim Kunden."
- „Es ärgert mich, dass Sie heute zum dritten Mal in Folge 10 Minuten zu spät kommen."
- „Ich bin verärgert, wenn Sie zu spät kommen, weil ich mich nicht ernst genommen fühle. Bitte rufen Sie mich beim nächsten Mal auf dem Handy an, wenn Sie sich verspäten."

- „Ich bin irritiert über Ihre Äußerung, denn wir hatten das meiner Ansicht nach anders besprochen."
- „Ich bin enttäuscht über diese Fehler, da für mich und den Kunden die korrekte Darstellung der Inhalte sehr wichtig ist."

Fordern Sie nicht, fragen Sie! Selbsterkenntnis ist der erste Schritt zur Besserung. Sie setzt allerdings voraus, dass Sie den anderen nicht in die Enge treiben. Es gilt ihn aufzubauen statt niederzumachen. Laden Sie Ihren Gesprächspartner durch Fragen ein, darüber nachzudenken, sein bisheriges Verhalten durch bessere Alternativen zu ersetzen, z. B.:

- „Haben Sie eine Idee, wie wir solche Situationen in Zukunft geschickter handhaben können?" (Statt: „Wie konnte Ihnen das nur passieren?")
- „Wie kann ich Sie unterstützen, dass wir gemeinsam pünktlich beim Kunden sind?" (Statt: „Wieso müssen Sie immer zu spät kommen?")
- „Welche Voraussetzungen müssen erfüllt sein, damit Sie die Präsentation termingerecht und fehlerfrei abgeben?" (Statt: „Das begreife ich nicht. Wie kann man nur so schlampig und unzuverlässig sein?")
- „Angenommen, wir könnten unseren Kunden fragen, welche Reaktion er sich von uns wünscht. Was würde er sagen"? (Statt: „Der Kunde ist auf Puls 180. Nur weil Sie immer so nachlässig sind!")

Loben Sie das positive Verhalten. Lob beflügelt und aktiviert die Kooperationsbereitschaft Ihres Gegenübers. Richtig formuliert ist Wertschätzung eine der wirksamsten Möglichkeiten, Verhalten zu beeinflussen. Ein kleiner Verstärker ist dabei die persönliche Anrede.

- „Frau Huber, Ihre kreative Idee zur Effizienzsteigerung hat einen großen Eindruck auf die Chefin gemacht!"

- „Gut, dass du die Präsentation noch einmal überarbeitet hast, Carlos. Jetzt ist sie genau auf den Punkt formuliert."
- „Vielen Dank, Herr Schön, dass Sie pünktlich zum Meeting gekommen sind. Das hat uns bei unserem engen Zeitplan sehr geholfen."
- „Hannah, ich freue mich sehr, dass du mich nicht warten lässt, da ich sonst sehr unter Zeitdruck gekommen wäre."

Wissenswertes: Das Wertequadrat als Erkenntnis- und Feedback-Instrument

Wo Licht ist, ist auch Schatten. Der kreative Chaot birgt sowohl Fluch als auch Segen. Er hat positive Seiten wie etwa Kreativität, Offenheit und Begeisterungsfähigkeit, aber auch negative Eigenschaften wie Unpünktlichkeit und Unzuverlässigkeit. Mithilfe der Psychologie lernen wir ihn besser verstehen. Daraus leiten wir den bestmöglichen Umgang mit dem chaotischen Typ ab. Um die Denkmuster und Werte des kreativen Chaoten kennenzulernen, bedienen wir uns eines psychologischen Modells.

Es heißt Wertequadrat. Die Kernaussagen lauten: Menschliche Qualitäten bestehen aus einer Verbindung von Gegensätzen. Zwei gegensätzliche Tugenden sind in jedem angelegt und halten sich im Idealfall die Waage. Generell gibt es keine guten und schlechten Eigenschaften, sondern nur die Unterscheidung zwischen: Gut und zu viel des Guten. Was heißt das genau?

Jede Tugend kann überoptimiert werden und verwandelt sich dadurch in ein Laster. Ein Beispiel: Ihr Kollege *Worky* arbeitet wirklich viel. Diese Tugend oder Stärke kann durch Übertreibung zu einer Belastung werden. Worky wird zu einem Workaholic, der sich selbst kaputtmacht. Neben der Tugend Leistungsbereitschaft muss es noch eine Schwestertugend wie Selbstfürsorge geben. Worky sollte sich auch die Fähigkeit aneignen, auf sich und seine körperliche und seelische Gesundheit zu achten.

Ein anderer Kollege, *Lazy*, übertreibt es hingegen mit der Selbstfürsorge. Seine Gedanken kreisen ständig um die eigene Befindlichkeit; er versucht, auf Kosten der Leistungsbereitschaft seine Kräfte zu schonen. Genauso wie der Workaholic übertreibt er – nur in die andere Richtung, sodass er als faul wahrgenommen werden könnte. Allerdings laufen beide Gefahr, eine Depression zu bekommen.

In einem Wertequadrat lässt sich dieses Beispiel folgendermaßen darstellen:

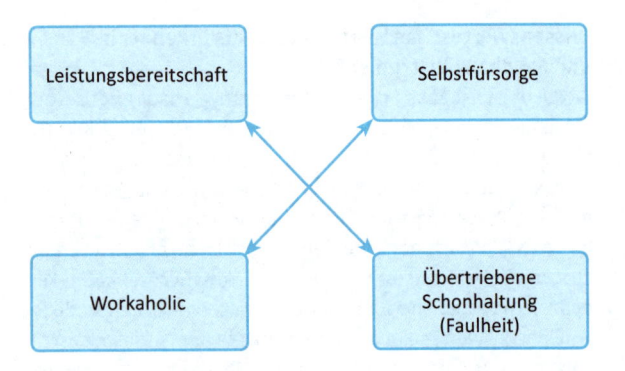

```
┌─────────────────────────┐         ┌─────────────────────────┐
│  Leistungsbereitschaft  │         │      Selbstfürsorge     │
└─────────────────────────┘         └─────────────────────────┘
                      ↖     ↗
                        ╳
                      ↙     ↘
┌─────────────────────────┐         ┌─────────────────────────┐
│                         │         │      Übertriebene       │
│       Workaholic        │         │      Schonhaltung       │
│                         │         │       (Faulheit)        │
└─────────────────────────┘         └─────────────────────────┘
```

Die oberen Quadrate enthalten die positiven Tugenden, die idealerweise im gleichen Umfang vorhanden sein sollten.

Die unteren Quadrate beinhalten die Übertreibungen der Tugend, also das zu viel des Guten.

Auf die Frage, wovor er am meisten Angst hat, würde *Worky* antworten: „Davor, als ein fauler Sack angesehen zu werden." Doch von dieser innerlich gefühlten Bedrohung ist er weit entfernt. Im Gegenteil: Die tatsächliche Gefahr besteht darin, dass er zum Workaholic wird.

Lazy hingegen fürchtet sich am meisten davor, zum Workaholic zu werden, wenn er nicht auf sich aufpasst. Auch hier gilt: Die tatsächliche Gefahr ist seine übertriebene Schonhaltung.

Das Muster des Wertequadrats sieht demnach folgendermaßen aus: Die persönliche Befürchtung und die tatsächliche Gefahr laufen in entgegengesetzte Richtungen.

Dieses Muster lässt sich auch auf Carlos aus dem eingangs erwähnten Beispiel übertragen: Durch seine nachlässige Art kommt es oft zu Fehlern. Wichtig ist ihm vor allem, eine schnelle Lösung zu finden. Ihm mangelt es an Schwestertugenden wie Besonnenheit und Gewissenhaftigkeit. Für ihn gibt es nichts Schlimmeres als kleinkrämerische Erbsenzählerei und Detailverliebtheit. Auch hier zeigt sich das Muster des Wertequadrats: Carlos' persönliche Furcht und die tatsächliche Gefahr sind diametral entgegengesetzt.

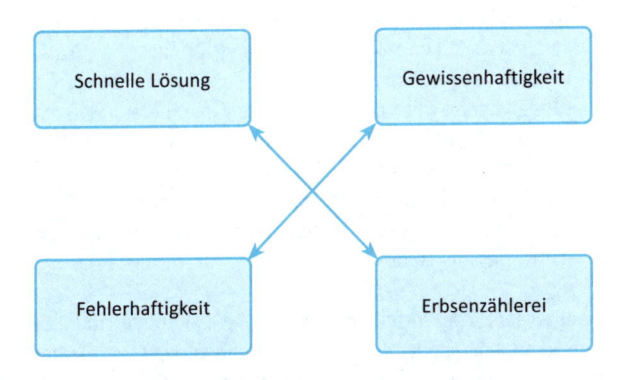

```
   Schnelle Lösung          Gewissenhaftigkeit

                    ╳

   Fehlerhaftigkeit          Erbsenzählerei
```

Mithilfe des Wertequadrats lässt sich also feststellen, von welcher Tugend manche Typen zu viel haben, wovor sie sich fürchten und in welche Richtung ihr Verhalten tatsächlich zu kippen droht. Darüber hinaus kann man mit dieser Methode auch gut Feedback geben. Denn ehrliche Kritik lässt sich unter Beachtung des Modells mit Diplomatie und Wertschätzung verbinden.

Wie Sie dabei vorgehen, erfahren Sie auf der folgenden Seite.

Gliedern Sie das **Feedback** in vier Schritte:
1. Beginnen Sie oben links mit einer positiven Würdigung
2. Weisen Sie unten links auf die kritische Gefahr hin.
3. Geben Sie oben rechts eine Empfehlung zur Verbesserung.
4. Schließen Sie mit dem Hinweis auf die Gegengefahr unten rechts, die bei Ihrem Gegenüber mit sehr geringer Wahrscheinlichkeit eintritt.

Dieser Viererschritt könnte sich gegenüber Carlos wie folgt anhören:
1. Was ich bei dir sehe und wirklich gut finde, ist die Schnelligkeit, mit der du neue Lösungsvorschläge bringst.
2. Ich sehe bei dir allerdings die Gefahr, dass du die Lösungen zu schnell finden willst und dadurch unnötige Fehler passieren.
3. Wir brauchen dringend gut durchdachte und fehlerfreie Vorschläge, wenn wir beim Chef präsentieren.
4. Die Gefahr, dass du dich dabei zu sehr in Einzelheiten verlierst und zu langsam arbeitest, sehe ich bei dir überhaupt nicht. Was meinst du?

Zwei wesentliche Vorteile dieser Feedback-Methode sind: Erstens kann jemand, der eher zurückhaltend ist, beim Kritiküben Klartext sprechen, denn er spricht ja gleichzeitig eine Würdigung aus („Sie tun des Guten zu viel ..."). Ohne die Einbettung der Kritik in Wertschätzung würde einer zurückhaltenden Person eine so deutliche Stellungnahme nicht über die Lippen kommen. Zweitens hat es einen selbsterzieherischen Aspekt für den Feedback-Geber. Er muss in dem ungünstigen Verhalten auch etwas potenziell Positives entdecken. Und die Fähigkeit zur Würdigung macht Kritik erst wirkungsvoll.

Das Wichtigste in Kürze

Typisch chaotisch
- Kreative Chaoten haben tolle Eigenschaften wie ein freundliches, offenes, oft schwungvolles Wesen, ungewöhnliche Ideen durch Outside-the-Box-Denken und einen anregenden, bildhaften Redestil. Gleichzeitig stellen sie unsere Nerven auf eine Belastungsprobe durch Unzuverlässigkeit, Unpünktlichkeit, neue Ideen am falschen Platz und Unberechenbarkeit.

Warnungen! Bitte nicht:
- Aufregen
- Allgemeine Vorwürfe machen wie „Immer kommst du zu spät!"
- Den anderen ändern wollen

Empfehlungen
- Akzeptieren Sie die Andersartigkeit.
- Üben Sie konstruktive Kritik in der Ich-Form.
- Fragen Sie, statt etwas zu fordern.
- Ermutigen Sie positives Verhalten.

Wissenswertes
- Das Wertequadrat bietet eine psychologische Methode zur besseren Einschätzung von Charaktereigenschaften und zum wirkungsvollen Kritiküben am Verhalten von anderen. Die Grundannahmen sind: Für gelingende Kommunikation unterscheiden wir nicht in gut und schlecht, sondern in gut und zu viel des Guten. Mit dieser Technik können vor allem zurückhaltende Charaktere nicht nur wertschätzendes, sondern auch deutliches und ehrliches Feedback geben.

Der Vielredner

> **BEISPIEL**
>
> *Max möchte bei seinem nächsten Gespräch mit Alexander, dem Rechthaber, fachlich besser argumentieren können. Deshalb trifft er sich heute mit seinem Kollegen aus der IT-Abteilung, um sich von ihm über Farbdrucker beraten zu lassen. Als Max in das Büro der IT kommt, wird er schon freudig erwartet. Der Kollege stellt sich als Arne Meier vor. Aber Max solle ruhig Arne zu ihm sagen, denn das sei in seiner Abteilung so üblich. Selbst der ältere Kollege Franz aus dem Sauerland nenne ihn so, obwohl der es ursprünglich gar nicht wollte, aber er hätte sich dann doch an die gängigen Umgangsformen in Bayern gewöhnt.*
>
> *Nach weiteren fünf Minuten Plaudereien über seine Kollegen, deren Herkunft und Essensgewohnheiten zeigt Arne Max schließlich einen Katalog mit Druckern. Dabei schildert er wortreich, welche Technik bei welchen Druckern verwendet wird, wie der Netzwerkzugang im Einzelnen aussieht, und gibt viele weitere Details aus der Welt der Farbdrucker zum Besten.*
>
> *Nach weiteren zehn Minuten kommt er zu der Überzeugung, dass die Drucker in diesem Katalog alle nicht geeignet seien. Viel besser in puncto Leistung und Kosten-Nutzen-Relation seien die in Katalog Nr. 2.*
>
> *Eine Viertelstunde später erklärt Arne, dass die idealen Drucker in Katalog Nr. 3 sein müssten. Jetzt muss sich Max aber wegen eines anderen Termins verabschieden. Er vereinbart mit Arne einen weiteren Termin und denkt sich beim Hinausgehen: „So ein Mist! Eigentlich weiß ich jetzt immer noch nicht mehr. Hoffentlich wird das beim nächsten Mal besser. Doch wie soll ich diese Quasselstrippe nur unterbrechen?"*

Typisch Vielredner
Vielredner wie Arne sind in aller Regel fachlich äußerst versiert. Sie sind immer auf dem neuesten Stand, nehmen regelmäßig an Fortbildungen teil und sind außerdem sehr engagiert. Ihren Enthusiasmus drücken sie allerdings allzu gerne durch einen Redeschwall aus. Sie lieben es, sich selbst reden zu hören, und weichen oft vom Thema ab. Besonders schwierig an ihrem Verhalten ist: Sie überschütten andere mit Informationen, ohne sich dabei auf die Bedürfnisse des Gesprächspartners einzustellen. Dadurch dauern Unterhaltungen mit ihnen unnötig lange. Sie zu unterbrechen ist schwierig, da sie als Person meist zuvorkommend und höflich sind und ihre Fachkompetenz nicht angezweifelt wird.

Was Sie lassen sollten
Interesse vortäuschen Zunächst fühlen sich unterhalten. Ihr Interesse ist echt. Nach einer bestimmten Zeit verlieren Sie aber die Konzentration. Dann handeln Sie meist nur noch aus Höflichkeit. Durch Signale wie Ihre Haltung, z. B. vorgebeugter Oberkörper, wiederholtes Nicken, ständiger Blickkontakt und Einwürfe wie „Ah ja!" oder „Wow, interessant!" zeigen Sie dem Gesprächspartner, dass Sie sich für seine Ausführungen interessieren. Ihr vorgetäuschtes Interesse wird vom Vielredner wie folgt interpretiert: *Mein Gesprächspartner ist sehr interessiert. Er will noch mehr zu diesem Thema wissen.*

Passiv zuhören Da der Vielredner ohne Unterlass auf Sie einredet, fühlen Sie sich überinformiert und überladen. Aus Höflichkeit oder Resignation lassen Sie den Wortschwall über sich ergehen. Durch mechanisches „Aha"-Gemurmel, unruhiges Hin- und Herrutschen und Auf-die-Uhr-Blicken signalisieren Sie zwar, dass Sie nicht mehr interessiert sind. Doch dieses Desinteresse wird vom Vielredner wie folgt interpretiert: Er fühlt sich noch nicht ausreichend verstanden und erklärt Ihnen alles noch detaillierter.

Was Sie tun sollten

Freundlich unterbrechen durch:

- **Namensnennung** Nennen Sie Ihren Gesprächspartner beim Namen. Er wird unweigerlich aufmerksam und empfänglich für andere Informationen.
- **Anknüpfen an das Gesagte** Vielredner hören sich selbst gern reden. Wiederholen Sie einfach die letzten ein/zwei Wörter, die Ihr Gesprächspartner zuletzt gesagt hat. Dadurch hört er sich praktisch selbst und wird so aufmerksam und interessiert. Anschließend können Sie Ihren eigenen Standpunkt darstellen oder das Thema wechseln.

Auf eine gemeinsame Gesprächsrichtung hinführen:

- **Teilweise Zustimmung** Signalisieren Sie, dass Sie mit einem Teil des Gesagten übereinstimmen. So kommen Sie eher zu Wort, da Ihr Gesprächspartner Zustimmung vermutet.
- **Wiederholen des Gesagten** Wiederholen Sie, was Sie verstanden haben. Dadurch signalisieren Sie Verständnis und verhelfen dem Dauerredner zum Ausstieg aus seinen Endlosschleifen.
- **Wertschätzung signalisieren** Machen Sie Ihrem Gesprächspartner klar, dass Sie seine Sicht der Dinge schätzen und ihn auch wirklich verstehen wollen.

Gespräch beenden Beenden Sie das Gespräch höflich und bestimmt. Die wirkungsvollsten Techniken sind: Kündigen Sie fünf Minuten vorher Ihren Abschied an. So hat der andere die Chance, sich darauf einzustellen. Körperliche Signale wie der Blick auf die Uhr oder Aufstehen und die Hand zu reichen verdeutlichen Ihrem Gesprächspartner Ihre Absicht. Verbinden Sie diese Signale mit einer Begründung für die Gesprächsbeendigung wie etwa: „Ich muss jetzt zum Flughafen/zu einem Meeting." Fassen Sie Wichtiges am Ende zusammen, und zwar in der Vergangenheitsform: „Schön, dass wir über die Neuerung sprechen konnten. Aus

Ihrer Sicht konnte ..." Bedanken Sie sich, weisen Sie auf ein mögliches Treffen in der Zukunft hin, und dann verabschieden Sie sich.

Toolbox: Hilfreiche Formulierungen

Anknüpfen an das Gesagte
- „Herr Meier, ‚Farbqualität' ist eine Notwendigkeit für uns. Was wir auch berücksichtigen sollten, ist ..."
- „Da/Weil Sie gerade ‚Farbqualität' ansprechen. Das ist für uns ganz entscheidend. Wir brauchen hier ..."

Teilweise Zustimmung
- „Ja, Herr Meier. Das ist ein wichtiger Punkt. Ein anderer Punkt von Interesse ist ..."
- „In dem Punkt kann ich Ihnen nur zustimmen, Frau Müller. Er bringt ja auch entscheidende Vorteile mit sich wie ... Was für uns auch wichtig ist ..."

Wiederholen des Gesagten
- „Wenn ich Sie richtig verstanden habe ..."
- „Sie meinen/sagen also ..."
- „Wenn ich das noch mal kurz zusammenfassen darf ..."
- „Zusammenfassend kann man also sagen ..."

Wertschätzung und Wirkung signalisieren
- „Ich möchte Sie gerne verstehen, Herr Maier. Aber das geht mir gerade zu schnell. Da kann ich nicht mehr folgen ..."
- „Darf ich dich kurz unterbrechen, Arne. Damit ich den Anschluss nicht verliere, muss ich kurz für mich noch mal zusammenfassen, was du gesagt hast. Du meinst also ..."
- „Arne, es fällt mir gerade schwer, dir zu folgen. Das ist mir zu viel auf einmal. Und das ist schade, weil ich inhaltlich sehr an dem interessiert bin, was du zu sagen hast ..."

Gespräch beenden
- „Entschuldigen Sie, dass ich Sie unterbreche. Doch Frau Müller möchte noch mit mir sprechen ..."
- „Ich will Ihre Zeit nun nicht länger in Anspruch nehmen."
- „Sie haben mir wirklich ein großes Stück weitergeholfen, vielen Dank!"
- „Vielen Dank für das Gespräch. Ich würde mich freuen, wenn wir es zu einem späteren Zeitpunkt fortsetzen könnten."
- „Das waren wichtige Hinweise, die Sie mir gegeben haben. Vielen Dank dafür. Jetzt muss ich gehen, aber wir sehen uns ja am Dienstag wieder. Bis dahin. Auf Wiedersehen!"

Wissenswertes: Mit gutem Zuhören mehr erreichen

„Der Herr gab uns zwei Ohren, doch nur einen Mund. Und das hat seinen Grund!" „Reden ist Silber. Schweigen ist Gold". Sinnsprüche und Redensarten weisen uns darauf hin, dass Zuhören wichtiger ist als Reden. In diesem Abschnitt sehen wir uns den „Goldgehalt" des Schweigens und des guten Zuhörens genauer an. In der Fachliteratur wird das gute Zuhören häufig als aktives oder empathisches Zuhören bezeichnet. Was genau ist damit gemeint? Wie wirkt es? Und wann ist es angebracht?

Die Grundhaltung des Guten Zuhörens liegt im Verstehenwollen. Ich will meinen Gesprächspartner verstehen! Das ist nicht so selbstverständlich, wie es klingt. Häufig hören wir nämlich nicht zu, um den anderen zu verstehen. Vielmehr denken wir schon beim Zuhören daran, was wir antworten wollen. Das heißt: In Gedanken sind wir nicht voll und ganz bei unserem Gesprächspartner, sondern schon bei unserer Antwort. Was wir folgerichtig brauchen, ist eine innere Einstellung, die als akzeptierende Neugier beschrieben werden kann: Ich respektiere die andere Meinung und bin gespannt, was der andere zu sagen hat. Wenn Sie anderer Meinung sind, fragen Sie sich: „Warum sagt ein aufrechter und vernünftiger Mensch so etwas?" Mit dieser Frage gewinnen Sie erstens Abstand zu möglichen negativen Emotionen. Zweitens zwingen Sie sich dazu, wirklich verstehen zu wollen, worum es geht – und zwar aus Sicht des Gesprächspartners. Sie nehmen einen **Perspektivenwechsel** vor und versuchen, die Welt aus den Augen des anderen zu sehen. So können uns Bemerkungen und Verhaltensweisen des anderen logisch und verständlich werden. Wenn diese akzeptierende Neugier vorhanden ist, läuft das gute Zuhören in drei Schritten ab.

1. **Interesse signalisieren** Zeigen Sie Ihrem Gesprächspartner, dass Sie ganz Ohr sind und sich ihm zuwenden – und zwar nicht nur im übertragenen, sondern auch im tatsächlichen Sinn. Schalten Sie alle möglichen Störquellen wie etwa das Telefon aus und stellen Sie Blickkontakt her. Auch Aufmerksamkeitsgesten wie Vorbeugen und kurze Laute wie „Ja", „Mhhm" signalisieren Präsenz.

2. **Interesse rückmelden** Fassen Sie die Kernaussagen Ihres Gesprächspartners zusammen. Dadurch überprüfen Sie Ihr inhaltliches Verständnis. Gerade bei Gesprächen mit Vielrednern bedeutet das: Sie müssen Ihr Gegenüber hin und wieder unterbrechen, um den Anschluss nicht zu verpassen. „Darf ich Sie kurz unterbrechen, damit klar ist, was ich bis jetzt verstanden habe. Ich verstehe Sie so, ..."

3. **Emotionen rückmelden** Dieser Schritt besteht in der Kunst, dem anderen ein wenig aus dem Herzen zu sprechen. Sie fassen dabei in Worte, wie sich der andere fühlt, z. B.: „... und Sie sind darüber ziemlich verärgert, oder?" Mit dieser Verbalisierung von Gefühlen machen Sie dem anderen nicht nur deutlich, dass Sie ihn inhaltlich verstehen, sondern Sie zeigen auch Verständnis für seine emotionale Situation. Das verbessert die Kommunikation insgesamt. Denn Sie können nicht nur die objektive Situation, sondern auch den subjektiven Standort Ihres Gesprächspartners nachvollziehen.

Besonders wichtig ist das gute Zuhören in Gesprächen mit dem Ziel einer **gemeinsamen Problemlösung**. Bevor eine Lösung gefunden werden kann, müssen zunächst die Hintergründe geklärt werden. Dabei liegt die Schwierigkeit für den Zuhörer oft darin, sich mit Einwürfen, Widersprüchen oder Appellen zurückzuhalten. Der Zuhörer muss unbedingt eine gewisse Zeit der „Lösungslosigkeit" aushalten. Denn eine vorschnelle Entscheidung für eine Lösungsstrategie rächt sich meist durch negative Konsequenzen in der Umsetzung. Durch gutes Zuhören fühlt sich der andere besser verstanden. Dadurch kommen Sie besser an Ihren Gesprächspartner heran. Dies wiederum hat zur Folge, dass auch Ihr Gegenüber Ihnen zuhört. Das gute Zuhören bildet somit den Grundstock für eine tragfähige gemeinsame Lösung.

Eine weitere Wirkung des guten Zuhörens bei Vielrednern ist: **Der Redefluss wird auf das Wesentliche fokussiert.** Die Ursache für Weitschweifigkeit und Wiederholungen ist häufig, dass sich der Redner noch nicht verstanden fühlt. Deshalb erklärt er wieder und wieder dasselbe, nur in anderen Worten. Durch gutes Zuhören mit Zwischenfragen kann der Redner erkennen, was bereits verstanden wurde und wo noch Klärungsbedarf besteht. So kommt der Vielredner aus seinen Endlosschleifen heraus und schneller auf den Punkt.

Das Wichtigste in Kürze

Typisch Vielredner
- Sie wissen fachlich oft viel und sind engagiert. Sie überschütten andere mit Informationen, ohne sich dabei auf die Bedürfnisse des Gesprächspartners einzustellen. Aus Angst, nicht richtig verstanden zu werden, erklären sie lang und breit und wiederholen dasselbe mehrfach – nur in anderen Worten.

Warnungen! Bitte nicht:
- Interesse vortäuschen
- Passiv zuhören

Empfehlungen
- Unterbrechen Sie den Vielredner durch: Nennen seines Namens; Anknüpfung an das zuletzt Gesagte, besonders effektiv mit den Wörtern „da" und „weil", z. B.: „Da Sie gerade den Drucker erwähnen …"
- Führen Sie ihn auf eine gemeinsame Gesprächsrichtung hin: teilweise Zustimmung; Wiederholen des Gesagten mit eigenen Worten. Signalisieren Sie ihm Wertschätzung.
- Beenden Sie das Gespräch höflich, aber bestimmt.

Wissenswertes
- Gutes Zuhören heißt, den anderen verstehen zu wollen. Sie brauchen dazu die Haltung der akzeptierenden Neugier.
- Durch einen Perspektivenwechsel (die Welt mit den Augen des anderen sehen) verstehen Sie die Äußerungen und das Verhalten Ihres Gesprächspartners deutlich besser.
- Gutes Zuhören läuft in drei Phasen ab:
  1. Interesse signalisieren
  2. Interesse rückmelden
  3. Emotionen rückmelden
- Mit gutem Zuhören finden Sie tragfähige Lösungen.
- Durch gutes Zuhören helfen Sie dem Vielredner, schneller auf den Punkt zu kommen.

Der Pessimist

> **BEISPIEL**
>
> Max ist bester Laune. Denn sein Chef hat ihm mitgeteilt, dass er für eine Woche mit auf eine große Messe in Paris gehen darf. Es ist sein erster Einsatz auf einer großen Veranstaltung. Außerdem wollte er schon immer einmal nach Paris. Deshalb ist er freudig aufgeregt. Gleich findet die erste Vorbesprechung für das Event statt. Auf dem Weg zum Konferenzraum trifft er seinen älteren Kollegen Franz, der auch in Paris mit dabei sein wird. Franz macht ein sorgenvolles Gesicht. Ohne Umschweife kommt er auf die Ursache seiner Sorgen zu sprechen: Die Messe sei viel zu spät vorbereitet worden, er zweifle stark daran, dass alle Unterlagen rechtzeitig im Chaos von Paris ankommen. Außerdem drohe die Gefahr, dass die Piloten streiken; die Luft in der Messehalle sei auch schlecht, wahrscheinlich werden wieder alle krank. Dann ist da auch noch dieses neue digitale Verfahren zur Kundenregistrierung, das voraussichtlich nicht richtig funktionieren wird beim ersten Mal. Zu allem Überfluss hat die Konkurrenz gegenüber einen neuen attraktiven Stand aufgebaut, der wahrscheinlich die Kunden viel mehr ansprechen wird als der eigene. Überhaupt, die Kunden! Die in Paris gelten als die Schwierigsten ...
>
> Mittlerweile sind die beiden beim Konferenzraum angekommen. Max' Vorfreude ist verflogen. Er betritt das Zimmer in einer ähnlichen Haltung wie Franz: mit herabhängenden Schultern und einem gequälten Begrüßungslächeln auf den Lippen. Max fühlt sich auf einmal niedergeschlagen und frustriert.

Typisch Pessimist

Von allen Möglichkeiten sieht der Schwarzseher nur die negativen. Murphys Gesetz könnte sein Lebensmotto sein: „Alles was schiefgehen kann, wird auch schiefgehen." An dieser Überzeugung lässt er alle teilhaben. Er schwelgt geradezu in Katastrophen und hat „schon immer gewusst, dass so etwas passieren wird." Seine Welt steckt voller Komplikationen und Gefahren: Man muss immer und überall aufpassen! Da niemand ein Unglück ausschließen kann und wir tatsächlich verwundbar sind, lassen wir uns leicht von Pessimisten anstecken. Negativdenker verstehen es mit ihrer Skepsis prächtig, anderen die Zuversicht und den Elan zu rauben. Das Beispiel verdeutlicht: Franz' Depressivität färbt schnell auf Max ab.

Typische Formulierungen des Pessimisten sind:
- „Besteht nicht die Gefahr, dass ...?"
- „Und was machen wir, wenn XY passiert?"
- „Ihre Idee ist gut. Aber unsere Kunden machen da sicher nicht mit."
- „Ich sage Ihnen mal ganz im Vertrauen: Das ist bei uns schon vor drei Jahren schiefgelaufen. Das wird wieder nichts!"
- „Das funktioniert bei uns nicht."

Was Sie lassen sollten

Pessimistische Bemerkungen persönlich nehmen Nehmen Sie die Argumente des Pessimisten ernst, aber nicht persönlich. Jeder Kollege hat für uns ein bestimmtes Image. Ist dieses negativ, neigen wir dazu, alles, was er sagt, zunächst ebenfalls negativ zu bewerten. Doch auch Pessimisten können recht haben. Deshalb: Trennen Sie zwischen Person und Verhalten! Eine Ablehnung des eigenen Vorschlags persönlich zu nehmen ist nur destruktiv und führt zu keinem Ziel.

Sich vom Pessimisten vereinnahmen lassen Schwarzdenker neigen dazu, andere in ihre Risikoverhütungspolitik mit einzubeziehen. In unserem Beispiel würde Franz die Route vom Flughafen zum Hotel genauestens planen. Abweichungen davon würde er als potenziell gefährlich bewerten, wenn diese nicht als unbedenklich in seinem Reiseführer vermerkt sind. Auch bei Restaurants verhält sich Franz übervorsichtig: Stehen sie nicht in seinem Gourmetführer, bekommt einem das Essen bestimmt nicht. Ist das Restaurant zu weit weg vom Hotel, würde der Taxifahrer bestimmt Umwege fahren. Wenn Max sich aus Höflichkeit in solchen Situationen nicht traut, einmal „ungehorsam" zu sein, ist er im Nu in die übervorsichtigen Verhaltensweisen von Franz verstrickt. Dadurch würde er ständig in einer Weise handeln, die ihm eigentlich nicht gefällt.

Beunruhigendes mitteilen Ein Schwarzseher trägt mit seinen eigenen Sorgen genug mit sich herum. Deshalb vermeiden Sie es, ihm etwas neues Beunruhigendes anzuvertrauen. Denn für einen Pessimisten ist nichts beängstigender, als zu hören, dass die Welt noch unsicherer und gefährlicher ist, als er schon glaubte. Außerdem würde Ihr beunruhigter Kollege Sie als Quelle der Unruhe betrachten. Das würde Ihre Beziehung zu ihm natürlich nicht verbessern. Meiden Sie am besten generell betrübliche Gesprächsthemen wie Krankheiten oder Zukunftsprobleme. Denn Pessimisten denken oft an drohende Gefahren, und diese Gedanken lassen sie leiden. Denn für Schwarzseher ist das Schlimmste nicht nur möglich, sondern wahrscheinlich.

Was Sie tun sollten
Unterscheiden zwischen Meckern und echter Kritik Wenn ein Nörgler etwas negativ und klagend präsentiert, dann hören wir oft kaum noch zu. Wir bewerten den Überbringer negativer Botschaften als unangenehm. Dabei laufen wir Gefahr, wertvolle Kritik und berechtigte Sorge achtlos zu übergehen. Hören Sie bei Pessimisten genau hin! Entscheidend ist, mit welcher Begrün-

dung sie argumentieren und nicht auf welche Weise. Um im beruflichen Umfeld herauszufinden, ob eine negative Meinung auf subjektivem Empfinden oder auf objektiven Tatsachen beruht, hilft der **Dreier-Test:** Wenn drei Mitarbeiter, von denen mindestens zwei nichts oder wenig miteinander zu tun haben, ähnlich negativ argumentieren, sollte man deren Worten auf jeden Fall Beachtung schenken. Denn drei sind schon ein kleiner Schwarm. Und der ist oft intelligenter als der Einzelne.

Zum professionellen Bedenkenträger machen Machen Sie den Pessimisten zum Experten für alles Kritische. Bitten Sie ihn z. B., seine Argumente gegen Ihr Projekt aufzuschreiben. So können er und Sie gemeinsam herausfinden, ob an den Zweifeln etwas dran ist. Ein kluger Pessimist ist ein gutes Korrektiv in einem Team! Häufig geht dem Miesmacher bei seinen schriftlichen Hausaufgaben auch die Puste aus. Das bringt Ihnen ebenfalls einen hervorragenden Nutzen: Er lässt Sie in Ruhe.

Sich abgrenzen Grenzen Sie sich ab, um Ihr eigenes Befinden zu schützen.

Bleiben Sie optimistisch und machen Sie dem Pessimisten klar, dass Sie die Dinge anders sehen und Ihre Meinung auch begründen können.

Weitere Möglichkeiten der Abgrenzung bieten **Lösungsfragen**. Schwarzseher klagen ständig über Probleme. Daher sollten Sie weniger nach den Ursachen der Probleme fragen, sondern vielmehr nach möglichen Lösungen. So müssen sich Pessimisten mit Lösungsansätzen beschäftigen und können nicht mehr länger ihrer Lieblingsbeschäftigung nachgehen – der Problemanalyse. Nach dem gleichen Prinzip funktioniert die **Erfolgsvision**. Dabei beschreiben Sie dem Pessimisten genau den Tag in der Zukunft, an dem Ihr Plan/Projekt/Vorhaben erfolgreich umgesetzt worden ist. Fragen Sie ihn dann, was zu diesem Erfolg geführt hat. So kann sich der Pessimist nur mit den möglichen positiven Ideen und Argumenten auseinandersetzen. Den gleichen Lösungsfokus hat die Wunder-Frage. Man stellt sich vor, ein Wunder habe das Problem aus der Welt geschafft. Woran würde man das erkennen? Entscheidend ist nicht, wie das Wunder passieren konnte, sondern an welchen konkret fassbaren Anzeichen es erkannt wird.

Verlässlichkeit demonstrieren Zeigen Sie dem Pessimisten, dass er sich auf Sie verlassen kann. Ihm erscheint die Welt als eine große Maschine, in der jedes Teil ständig seinen Geist aufzugeben droht. Vermitteln Sie den Eindruck, dass Sie keine Pannen verursachen. Das nimmt dem Pessimisten ein wenig seine Sorgen, wodurch sich Ihre Beziehung zu ihm verbessert. Oft genügen dazu kleine Details: Seien Sie vorausschauend und risikobewusst. Antworten Sie rechtzeitig auf seine E-Mails. Seien Sie pünktlich bei Geschäftsbesprechungen. Erläutern Sie mithilfe einer schriftlichen Zusammenfassung die nächsten Schritte und deren Konsequenzen. So gewinnen Sie das Vertrauen des pessimistischen Kollegen. Dies erleichtert die Zusammenarbeit mit ihm enorm.

Toolbox: Hilfreiche Formulierungen
Sich abgrenzen und optimistisch bleiben
- „Sie sehen das so, Herr Müller. Und das ist Ihr gutes Recht. Ich bin hier allerdings anderer Meinung. Nach meinem Wissen haben wir positive Erfahrungen gemacht bei …"
- „Lassen Sie uns einmal nicht darüber sprechen, was nicht geht, sondern darüber, was gehen könnte. Wir haben …"
- „Ich kann nachvollziehen, was das für Sie und Ihre Abteilung bedeutet. Dürfte ich Sie trotzdem bitten, dies als unvermeidlich anzuerkennen und diese Schwierigkeit als Herausforderung anzunehmen. Dann – da bin ich sicher – können wir sie auch gemeinsam meistern."

- „Lassen Sie uns kurz die positiven Seiten des Projektes zusammenfassen, bevor wir die kritischen Punkte beleuchten."

Lösungsfragen stellen
- „Wie könnte denn Ihrer Meinung nach eine Lösung aussehen?"
- „Was schlagen Sie vor, wie wir hier eine Lösung erreichen können?"
- „Was bräuchte es Ihrer Meinung nach, um dieses Problem zu lösen?"
- „Können Sie sich unter gar keinen Umständen ein positives Ergebnis vorstellen? Doch? Was wären das für Umstände?"

Erfolgsvision
„Stellen wir uns mal vor, wir haben heute den 1. Juni 2018. Unser Projekt wird vom Vorstand als großer Erfolg beschrieben, unser Mitbewerber staunt und kann uns nur beglückwünschen, das Presseecho ist einstimmig positiv und auch unsere Kunden bejubeln das Ergebnis."
- Was genau hat dazu geführt?
- Welche Faktoren haben hier zusammengespielt?
- Was genau wurde vermieden?

Wunder-Frage
- „Stell dir vor, ein Wunder ist passiert. Dein Problem ist verschwunden. Was konkret sind die kleinen Anzeichen, an denen du das erkennen kannst?"

Wissenswertes: „Ich kann nicht optimistisch."
Die Psyche des Pessimisten

Wie ticken Pessimisten? Warum ist für die Optimisten das Glas halb voll und für die Pessimisten halb leer? Das liegt an unseren Bewertungen, unseren Meinungen, unseren Gedanken. Unsere

Gedanken wirken wie ein Filter, der alles aussondert, was nicht in unsere Erinnerungen und Erfahrungen passt. Der Optimist hat überwiegend gute Erfahrungen gemacht, entsprechend sieht er Chancen und Möglichkeiten und denkt lösungsorientiert. Ein Pessimist hat **viele negative Erfahrungen** gemacht, sieht vor allem Misserfolge und denkt problemorientiert. Das führt dazu, dass Optimisten an sich und ihre Fähigkeiten glauben, während Pessimisten an sich und ihren Fähigkeiten zweifeln. Der eine denkt: „Ich kann!", der andere grübelt und sagt: **„Ich kann nicht!"** Das Gefühl der Hilflosigkeit des Pessimisten lässt sich an einer Geschichte verdeutlichen: Bestimmt haben Sie schon im Zirkus die mächtigen Elefanten gesehen und bestaunt. Haben Sie bemerkt, dass die Elefanten an einem relativ kleinen Pflock angekettet waren? Hat Sie das nicht erstaunt? Haben Sie sich nicht gefragt, wie es möglich ist, ein so großes, starkes Tier an einen so kleinen Pflock anzuketten? Für den Elefanten müsste es doch ein Leichtes sein, diesen Pflock herauszureißen und sich zu befreien, oder? Warum aber tut er es nicht?

Des Rätsels Lösung: Als Baby hat man den Elefanten ebenfalls an einen solchen Pflock gekettet. Damals hatte er noch nicht die Kraft, sich zu befreien. So sehr er auch versuchte, sich loszureißen, es misslang. Wieder und wieder versuchte er vergeblich, sich zu befreien. So machte er als Baby die Erfahrung, hilflos zu sein, weil der Pflock stärker war als er. Deshalb gab er auf, sich gegen den vermeintlich Stärkeren zu wehren. Obwohl er sich als ausgewachsenes Tier leicht befreien könnte, wagt er erst gar nicht den Versuch. Denn seine Erfahrung hatte ihn ja gelehrt, dass dieser Versuch zwecklos ist.

Ähnlich lernen auch wir Menschen, uns hilflos zu fühlen. Aus Krisensituationen, aus denen wir uns nicht befreien konnten, hat sich bei uns die Überzeugung breitgemacht: Ich bin hilflos. Psychologen nennen diesen Zustand **erlernte Hilflosigkeit**, da das Gefühl der Hilflosigkeit durch bestimmte Erfahrungen gelernt wurde. Dieses für den Pessimisten typische Gefühl lässt sich aber auch wieder verlernen bzw. umlernen. Einer der typischen Sätze eines Pessimisten lautet: „Und was, wenn XY passiert?" Mit dieser Frage werden Ängste und Sorgen ausgelöst, oft sogar Gefahren und Katastrophen heraufbeschworen. Doch diese inneren Gefahrenbilder lassen sich **relativieren und ins Positive wenden**, indem der Fragesatz umformuliert wird in: „Was macht es schon, wenn XY passiert?" Im Anschluss folgt die Ergänzung: „Ganz einfach, dann ..." Im Praxisbeispiel käme es dadurch zu folgenden Wortwechseln:

> **BEISPIEL**
>
> *Franz: „Und was, wenn die Unterlagen nicht rechtzeitig ankommen?" – „Ganz einfach", entgegnet Max, „dann schicken wir sie den Kunden nach. Das ist eine prima Möglichkeit, sie nach der Messe noch einmal unaufdringlich zu kontaktieren." Oder Franz fragt: „Was machen wir bloß, wenn das neue Verfahren zur Kundenregistrierung nicht gleich funktioniert?" Darauf Max: „Ganz einfach. Dann nehmen wir unsere bisherigen Formulare her und übertragen die Daten später in den Computer."*

Mit diesen Formulierungen werden die Umstände und deren Folgen relativiert und als untragisch interpretiert. Diese neuen Denkmuster müssen aber erlernt und geübt werden, bevor sie ihre beruhigende und positive Wirkung auf den überbesorgten Pessimisten entfalten können. Wenn Sie also beim nächsten kleinen Stau von einem Pessimisten klagend zu hören bekommen „Vergiss es. Den Zug erwischen wir bestimmt nicht mehr!", antworten Sie ihm: „Na schön, stellen wir uns vor, er ist weg. Was können wir dann tun?" Indem Sie ihn dazu bringen, sich auf die wirklichen Konsequenzen der Verspätung und auf die Ersatzlösungen zu konzentrieren („Ganz einfach. Dann nehmen wir den nächsten Zug und benachrichtigen die Leute ..."), helfen Sie ihm das, Problem zu relativieren und als weniger beängstigend und folgenschwer zu beurteilen.

Das Wichtigste in Kürze

Typisch Pessimist
- Das Lebensmotto ist Murphys Gesetz: Alles was schiefgehen kann, wird auch schiefgehen.
- Ein Pessimist hat „immer schon gewusst, dass so etwas passieren wird".
- Pessimisten sind hoch ansteckend: Sie rauben anderen die Zuversicht, ziehen sie runter und vergiften sie mit ihrer Negativstimmung.

Warnungen! Bitte nicht:
- Pessimistische Bemerkungen persönlich nehmen
- Vom Pessimisten aus Höflichkeit vereinnahmen lassen
- Dem Pessimisten Bedrohliches und Betrübliches erzählen

Empfehlungen
- Unterscheiden Sie zwischen Meckern und echter Kritik. Achten Sie auf Begründungen und den Dreier-Test.
- Machen Sie den Pessimisten zum professionellen Bedenkenträger.
- Grenzen Sie sich ab durch: Optimismus, Lösungsfragen, Erfolgsvisionen, Wunder-Fragen.
- Verlässlichkeit demonstrieren durch vorausschauendes Verhalten

Wissenswertes
- Pessimisten haben viele negative Erfahrungen gemacht, denken eher problemorientiert und sagen oft: „Ich kann nicht ..."
- Sie sind im Zustand *erlernter Hilflosigkeit*.
- Dieses Gefühl lässt sich durch Umlernen und Üben verändern. Dabei werden die Problem- und Katastrophenszenarien relativiert.

Der Intrigant

> **BEISPIEL**
>
> Max ist mittlerweile ein halbes Jahr in der Marketingabteilung der Firma. Zusammen mit seinem Kollegen Simon, der bereits seit drei Jahren dort arbeitet, hat er einen Termin beim Chef. Es geht um eine Nachbesprechung zu einer Messe, bei der beide waren. Es soll überlegt werden, was gut und was schlecht lief. Für die nächsten Messen sollen daraus Optimierungsmöglichkeiten beschlossen werden. Simon und Max kümmerten sich bei der Messe gemeinsam um die Organisation der Messestände und die Bewirtung der Partnerfirmen.
>
> Der Chef gibt zunächst seine Einschätzung der Gesamtsituation wieder. Er lobt vor allem die Gestaltung und das Design, über das sich auch die Partnerfirmen sehr anerkennend geäußert hatten. Allerdings gab es Kritik der Aussteller an der Bewirtung. Das Essen war den Besuchern zu exotisch und die Wartezeiten zu lange. Als Simon daraufhin dem Chef freundlich und wortreich antwortet, glaubt Max, seinen Ohren nicht zu trauen. Hat Simon da gerade im Nebensatz einfließen lassen, dass der Anstoß zu den wenig geliebten exotischen Gerichten von Max kam? Und wenig später hört er, dass die hochgelobte Neugestaltung des Café-Bereiches die Idee von Simon war? „Was?", denkt Max. „So war das überhaupt nicht! Vielmehr war das Gegenteil der Fall." Doch Max ist zu perplex, um darauf zu reagieren und etwas zu erwidern.
>
> Nach dem Meeting deutet Simon nur kurz auf sein Handy. Er müsse gleich weg. Allerdings lächelt er Max beim Weggehen ins Gesicht und freut sich: „Das war doch eine echt gute und produktive Besprechung!" Max ist völlig fassungslos, auf welch fiese Weise Simon ihm gerade den „Schwarzen Peter" zugeschoben hat.

Typisch Intrigant

Intriganten sind ehrgeizig, setzen ihre Ellenbogen ein und verstricken uns gern in ihre Machenschaften und Machtspielchen. Sie versuchen, Kollegen mit unfairen Mitteln auszustechen, um sich selbst mehr Ansehen zu verschaffen. Intriganten verbreiten Gerüchte über Sie, schwärzen Sie an oder informieren Sie falsch. Weitere Werkzeuge der Intriganten sind gezielte Indiskretionen, Tratsch, Lügen, Halbwahrheiten und Schmeicheleien. Mit ihren hinterlistigen Machtspielchen bringen sie uns in Verlegenheit. Oft überschütten sie uns mit Informationen, in denen arglistige Kommentare versteckt sind. Die Schuld tragen bei Intriganten immer die anderen, die sie als Schachfiguren benutzen. Sie lächeln, wenn sie den Dolch im Gewande tragen, und versuchen uns weiszumachen, dass sie ganz auf unserer Seite stehen.

Was Sie lassen sollten

Ignorieren Tun Sie nicht so, als würden Sie das negative Verhalten nicht bemerken in der Hoffnung, dass es nicht erneut vorkommt. Der Intrigant würde sich darüber nur freuen und sein Verhalten beibehalten. Vermutlich würde er sich Ihnen gegenüber zukünftig sogar noch negativer verhalten.

Über die Wahrheit diskutieren Es bringt überhaupt nichts, über die Wahrheit des Vorfalls zu diskutieren. Der Intrigant ist unnachgiebig und wird auf seiner Sicht der Dinge beharren, egal wie häufig Sie die tatsächliche Situation schildern.

Emotional Kritik üben Emotionen sind der schlechteste Ratgeber. Wenn Sie merken, dass es in Ihnen brodelt, ist das kein guter Moment, um die Aussprache zu suchen. Lenken Sie sich erst einmal ab, gehen Sie kurz um den Block oder telefonieren Sie mit jemandem, der Sie versteht. Unter dem Einfluss negativer Emotionen kritisieren wir auch meist moralisierend. Wir unterscheiden in Gut und Böse und wollen den anderen eher bestrafen als unser Ziel erreichen. Wir formulieren mit Wendungen wie: „Ihr

Verhalten ist untragbar!", „Es ist eine Schande, wie Sie ...!", „Sie haben böswillig gelogen!" Diese Anschuldigungen bewirken nur das Gegenteil von dem, was Sie eigentlich möchten, denn: Je mehr man jemandem Gemeinheit und Bösartigkeit unterstellt, desto weniger ist er motiviert, seinen Standpunkt zu ändern.

Was Sie tun sollten

Die Intrige erkennen Wenn jemand wie im Beispiel lügt und jemanden anschwärzt, ist das Erkennen einfach. Über die unerwartete, gemeine Schuldzuweisung in freundlichem Tonfall ist man höchstens baff erstaunt wie Max. Meistens hört man Gerüchte oder verdrehte Tatsachen jedoch indirekt und allgemein gehalten, etwa so: „Es hieß, Sie hätten da mal Probleme mit der Zusammenarbeit gehabt. Aber da soll ja nichts dran sein." In solchen Fällen empfiehlt es sich, zuerst mit einer Person seines Vertrauens zu reden. Fragen Sie, ob diese Person das auch merkt oder ob man sich die Intrige nur einbildet. Wenn sich Ihr Verdacht bestätigt, bitten Sie den Intriganten zu einem Klärungsgespräch.

Klärungsgespräch führen Vereinbaren Sie mit dem Intriganten ein Gespräch. Nennen Sie dabei auch schon das Thema. Ihr Ziel ist, in Zukunft mit dem bisherigen Intriganten offen und anständig klarzukommen. Durch Nennung des Themas gehen Sie vorbildlich mit offenem Visier ins Gespräch.

1. Beginnen Sie das Gespräch mit einem markanten Einstieg: Sie kommen ohne große Umschweife auf den Punkt. Erläutern Sie konkret, was vorgefallen ist. Konfrontieren Sie den Intriganten mit *Ihrer* Wahrnehmung der unangenehmen Situation.
2. Beschreiben Sie die Wirkung, die das Verhalten Ihres Gesprächspartners auf Sie hatte. Welche Reaktionen und Gefühle hat das bei Ihnen ausgelöst?
3. Sagen Sie klar, was Sie von Ihrem Gesprächspartner in Zukunft erwarten, welche Wünsche Sie haben, welche Spielregeln er einhalten soll, welche Vorteile dieses neue Verhalten hat.

Diese Gesprächsform nennen wir WWW: Zuerst wird die Wahrnehmung, dann die Wirkung des Verhaltens und schließlich die Wünsche an das zukünftige Verhalten angesprochen. Mit dieser Struktur können Sie ein Gespräch führen, das von ehrlicher Konfrontation bestimmt ist. Gleichzeitig wird der Respekt vor dem Menschen hinter dem schwierigen Verhalten bewahrt. Wenn dieses Gespräch kein Ergebnis bringt, sollten Sie Ihr Anliegen Ihrer Führungskraft anvertrauen – mit der Bitte um Klärung.

Toolbox: Hilfreiche Formulierungen
Klärungsgespräch führen
- Wahrnehmung:
  „Bei unserem Gespräch mit dem Chef habe ich bemerkt, dass du gesagt hast: Die Idee zu den exotischen Gerichten sei meine gewesen …"
- Wirkung:
  „Das hat mich verwirrt, beleidigt und in der Situation sprachlos gemacht."
- Wünsche:
  „Ich möchte nicht, dass meine Arbeit von dir so runtergezogen wird." (Klartext)
  „Was ich möchte, ist, dass wir in Zukunft beide konstruktiv zusammenarbeiten, denn dann können wir eine Menge bewirken …" (Vorteile)
  „Außerdem wird unser Team als Gesamtheit bewertet. Was zählt, ist also das Team und nicht der Einzelne. Vielleicht finden Sie diese Regel nicht gut, aber wir müssen uns daran halten." (Spielregeln)
  „Wenn du weiterhin gut mit mir zusammenarbeiten willst, müssen wir beide diese Spielregel akzeptieren. Was meinst du dazu?"

Wichtig ist, dass Sie dieses Gespräch sachlich und bestimmt vortragen – wenn Sie sich aufregen, verbucht der Intrigant bereits einen Teilerfolg.

Wissenswertes: Die Atmosphäre für Intrigen
Welche Bedingungen fördern intrigantes Verhalten? Vor allem ein Klima des Misstrauens. Dieses Misstrauen entsteht insbesondere durch plötzlich neue Konkurrenzsituationen, etwa wenn Stellenabbau droht oder in Kürze neue wichtige Positionen zu besetzen sind. In der heutigen Globalisierung nehmen Anzahl und Schärfe von Machtspielen am Arbeitsplatz deutlich zu. Dafür verantwortlich sind Faktoren wie wachsender Wettbewerb, ständige Forderungen nach Effizienzsteigerung und eine Zunahme der Kundenansprüche. Weitere Alarmsignale für ein Betriebsklima, das intrigantes Verhalten fördert, sind:

- Manager, die technokratisch und wenig empathisch führen. In solchen Betrieben ist die Stimmung im Unternehmen für das Management nicht von hoher Priorität. An erster Stelle stehen Ergebnisqualität und Rendite. Die glaubt man in erster Linie durch schnelle Entscheidungen und nicht durch lange Diskussionen zu erreichen.
- Dadurch herrscht in solchen Firmen häufig hoher Konkurrenzdruck, der wiederum den Nährboden für Intrigen bildet. Oft versuchen ehrgeizige Mitarbeiter nicht nur mit Ellenbogeneinsatz, sondern auch durch arglistige Spielchen und Lügen beruflich voranzukommen. In einem solchen Betriebsklima gedeihen unangenehme Verhaltensweisen, wie etwa Mitarbeiter vor Dritten laut und deutlich zu kritisieren.
- Im Umkehrschluss heißt das: Lob und Anerkennung für die Leistungen der Mitarbeiter gibt es so gut wie gar nicht. Diese Lob-Lücke führt bei Mitarbeitern zu dem Glauben, ihre Arbeit werde nicht wertgeschätzt. Dadurch wird ihre Motivation deutlich gesenkt.

- Eine Folge dieser mangelnden Motivation und Identifikation mit dem Unternehmen ist eine Gruppenbildung unter Mitarbeitern. Und Gruppen, die sich gegenseitig nicht trauen, sind ideale Keimzellen für Intrigen.
- Unüberhörbar werden die Intrigen im Flurfunk ausgetauscht. In den Pausengesprächen und in den Kaffeeecken wird viel über andere gelästert; in der Kantine oder im Raucherbereich bestehen die Gespräche hauptsächlich aus Tuscheleien und Gerüchten.
- Ein weiteres Alarmsignal für intrigante Verhaltensweisen besteht in einer starken hierarchischen Ordnung. Typisch dafür sind offensichtliche Statussymbole wie ein eigener Firmenparkplatz sowie die Größe des Büros und des Sekretariats.
- Entlassungen und drohender Arbeitsverlust führen zu hohem Stress und damit zu Intrigen.

Sollen die betrieblichen Voraussetzungen so geändert werden, dass Intrigen unwahrscheinlich(er) werden, dann muss aus einem Klima des Misstrauens eine **Vertrauenskultur** geschaffen werden. Vertrauen setzt allerdings eine Kommunikation voraus, die sich nicht auf die Behandlung rein sachlicher Fragen beschränkt. Es muss genügend Raum und Zeit eingeräumt werden für die Stimmungen, Befürchtungen und Fragen der Mitarbeiter. Aus der Forschung ist bekannt: Mitarbeiter sind durchaus bereit, unbequeme Wahrheiten und unpopuläre Entscheidungen zu akzeptieren. Voraussetzung dafür ist, dass ihre Meinung gehört wurde und sie in die Organisationsabläufe eingebunden waren. Unterbleibt diese Einbindung, entstehen Distanz und Misstrauen – die Basis für Angst auslösende Fantasien, Widerstände und Intrigen.

Das Wichtigste in Kürze

Typisch Intrigant
- Aus Ehrgeiz verbreiten Intriganten Tratsch, Lügen und Indiskretionen. Mit ihren hinterlistigen Machtspielchen bringen sie uns in Verlegenheit. Sie behaupten, auf unserer Seite zu stehen, während sie uns bewusst schaden.

Warnungen! Bitte nicht:
- Ignorieren. Der Intrigant wird weitermachen.
- Über die Wahrheit diskutieren. Der Intrigant wird auf seiner Position beharren.
- Emotional Kritik üben. Aussprachen brauchen einen kühlen Kopf.

Empfehlungen
- Die Intrige erkennen. Der erste Schritt zur Klärung ist aufmerksame Beobachtung und Besprechung der Situation mit vertrauenswürdigen Kollegen.
- Klärungsgespräch führen. Das Ziel ist nicht Bestrafung des Intriganten, sondern Klärung und zukünftige Verbesserung der Arbeitsbeziehung. Führen Sie das Gespräch in drei Schritten (WWW):
  1. Wahrnehmung. Beschreiben Sie konkret und so neutral wie möglich, was geschehen ist.
  2. Wirkung. Beschreiben Sie, welche Reaktionen die Intrige bei Ihnen ausgelöst hat.
  3. Wünsche. Formulieren Sie prägnant, welches Verhalten Sie sich für die Zukunft wünschen, welche Vorteile dies hat und wie die Spielregeln sind.

Wissenswertes
Ein Betriebsklima der Konkurrenz, reiner Sachinformation, ausgeprägter Hierarchien, ständiger Veränderung und der Bedrohung von Arbeitsplätzen schafft Stress. Damit bietet es einen idealen Nährboden für Intrigen. Nur eine Kommunikation, die Emotionen der Mitarbeiter berücksichtigt, sie gut informiert und in Entscheidungen einbindet, reduziert Ängste, schafft Vertrauen und verringert deutlich die Manipulationen der Intriganten.

Umgang mit komplizierten Führungskräften

Schon der Umgang mit schwierigen Kollegen ist eine Herausforderung. Die Zusammenarbeit mit einem unangenehmen Chef stellt eine noch heiklere Situation dar. Der Grund dafür liegt in der stärkeren Abhängigkeit vom Vorgesetzen als von den Kollegen. Mit seinen Beurteilungen bestimmt der Chef entscheidend über die zukünftige Entwicklung im Unternehmen. Deshalb sind die meisten in der Kommunikation „nach oben" vorsichtiger. Trotzdem ist eine respektvolle Konfrontation mit den Vorgesetzten möglich. Wie das geht – vor allem wenn die Chefs Perfektionisten, Unnahbare oder Choleriker sind – erfahren Sie in den folgenden Abschnitten.

Der Perfektionist

> **BEISPIEL**
>
> *Max hat eine Präsentation vorbereitet, die er in der nächsten halben Stunde seinem Chef, Dr. Oswald, vorstellen darf. Max will ihn von seinem neuen Marketingkonzept überzeugen, das junge Zielgruppen ansprechen soll. Es ist seine erste größere PowerPoint-Präsentation bei Dr. Oswald. Deshalb ist Max verständlicherweise aufgeregt.*
>
> *Motiviert und angeregt legt er los. Mit einer kleinen Geschichte führt er zum Thema hin. Anschließend analysiert er die Ausgangslage. Da bemerkt Max, dass Dr. Oswald nachdenklich in den Präsentationsunterlagen blättert. Max stutzt, will weitermachen, aber da wird er von Dr. Oswald unterbrochen. Auf Seite 5 und 7 seien Rechtschreibfehler. So etwas dürfe eigentlich nicht passieren. Auf Seite 9 fehle die Quellenangabe und die Berechnungsmethode auf Seite 18 sei ihm unklar. Max, mittlerweile noch nervöser, würde auf die Frage von Dr. Oswald gerne später eingehen, doch dieser will sofort eine Antwort. Max erklärt die Berechnungsmethode etwas umständlich, aber ausreichend. Er möchte dann mit der Präsentation fortfahren. Doch da wird er erneut unterbrochen. Was er denn mache, wenn sich die Neuerung in einem Jahr als Flop herausstelle, will Dr. Oswald wissen. Max zögert, er weiß nicht genau, wie er antworten soll. Da kommt schon die nächste Frage, ob eine Änderung des Kundenverhaltens berücksichtigt wurde und wie sich das auswirke. Jetzt ist Max völlig verwirrt. Eigentlich weiß er die Antwort, hat aber gerade einen Blackout und schweigt. Anschließend hört er die Worte des Chefs: „So geht das nicht. Bereiten Sie sich beim nächsten Mal besser vor. Auf Wiedersehen."*

Typisch Perfektionist

„Was man nicht selbst macht oder regelt, wird nichts!" So könnte das Leitmotiv des Perfektionisten lauten, der immer auch Kontrolleur ist. Um das Heft in der Hand zu behalten, mischen sich Perfektionisten in alles ein. Dabei achten sie pedantisch auf die Details, oft zum Schaden des Ergebnisses oder einer wichtigen Entscheidung. Meist zögern sie lange, weil sie Angst davor haben, einen Fehler zu machen. Als Chef sind sie Mikromanager: Delegieren, Teamarbeit, Kompromisse – das sind für sie eher Fremdwörter. Eine große Rolle spielen bei ihnen Regelmäßigkeiten und Rituale, Normen und Prinzipien, Planung und Organisation – also alles, was Sicherheit und Berechenbarkeit in ihr Leben bringt. Dabei möchte der Perfektionist nicht nur andere Menschen kontrollieren, sondern sich auch selbst vollständig in der Gewalt haben. Sein Kommunikationsstil ist geprägt von „Man"-Sätzen. Z. B.: „Man macht das so.", „Man wartet, bis man hereingebeten wird." Appelle werden also nicht als persönliche Wünsche („Ich möchte gerne ...", „Es stört mich ..."), sondern als Regel, als Norm im Namen eines höheren Gesetzes ausgesprochen. Dadurch klingt sein Sprachstil oft spröde, formell und kalt.

Was Sie lassen sollten

Spontan in ein Gespräch gehen Sie können sicher sein: Der Perfektionist unter den Vorgesetzten ist immer vorbereitet. Andernfalls bekommen Sie erst gar keinen Termin. Meist verlangt dieser Chef schon im Vorfeld eine Menge Unterlagen zum Durcharbeiten. Diese müssen natürlich genau nach seinen Vorstellungen angefertigt sein. Fragen Sie beim ersten Mal unbedingt nach, wie die Unterlagen aussehen sollen (z. B. bezüglich Darstellungsform, Umfang, Art des Management-Summarys, Papiersorte). Am besten besprechen Sie sich in der Vorbereitungszeit mit jemandem, der sehr viele und vor allem gute Erfahrungen mit diesem Chef gemacht hat. Gehen Sie mit diesem und nach Möglichkeit mit einem weiteren erfahrenen Kollegen alle erdenklichen Problemstellungen durch, auf die der Vorgesetzte kommen könnte.

Trainieren Sie auch die Antworten auf diese Fragen (siehe auch „Toolbox: Hilfreiche Formulierungen" und „Wissenswertes" in diesem Abschnitt, S. 74 und 75).

Ihn mit Informationen überschütten Der Perfektionist vertraut eher dem geschriebenen Wort. Er verbringt viel Zeit mit dem Lesen von Berichten, E-Mails, White Papers und der einschlägigen Fachliteratur. Dem gesprochenen Wort traut er weniger – insbesondere wenn es lang und kompliziert oder persönlich und emotional ist. Halten Sie sich entsprechend kurz.

Ihn überraschen Spontane Änderungen, die nicht vom Perfektionisten selbst vorgenommen werden, sind gleichbedeutend mit Chaos und Anarchie. Zwar liebt Ihr Perfektionschef es, Sie zu überraschen, selbst überrascht zu werden, mag er hingegen überhaupt nicht.

Was Sie tun sollten

Seien Sie berechenbar und vertrauenswürdig Sagen Sie bei Ihrem Perfektionschef nur zu, was Sie auch halten können. Denn er wird darauf bestehen, dass die Regeln eingehalten werden („Versprochen ist versprochen!", „Das macht man so!"). Halten Sie Versprechen und Terminvereinbarungen ein. Seien Sie pünktlich. Falls doch etwas Unverhofftes dazwischenkommen sollte, benachrichtigen Sie ihn schnellstmöglich. Geben Sie ihm dabei zu verstehen, dass es Ihnen leid tut. Wenn Sie sich so verhalten, werden Sie in seinem Gehirn unter „vertrauenswürdig und berechenbar" eingestuft. Das macht ihn entspannter und für Ihre Argumente offener.

Bereiten Sie sich intensiv vor Versetzen Sie sich einmal während der Vorbereitung voll und ganz in die Rolle des Chefs. Wechseln Sie den Stuhl und lassen Sie sich von Ihrem Kollegen interviewen. Sie sind jetzt der Chef und Perfektionist. Wie sieht es im Innern des Chefs aus? Warum achtet er auf jedes Detail? Welche

Vorteile hat das? Was erwartet er von seinen Mitarbeitern? Warum tut er das? Wie fühlt er sich, wenn Mitarbeiter unpünktlich sind, Fehler machen, unzuverlässig sind? Sie werden sehen, nach wenigen Minuten sind Sie „voll drin" in der Rolle und geben Auskünfte, über die Sie selber staunen. Zwar *wissen* die meisten von uns, dass hinter mancher Detailverliebtheit die Angst vor Kontrollverlust liegt. Von dieser Angst aber nicht nur zu wissen, sondern sie auch zu spüren, eröffnet eine ganz andere Dimension. Sie werden das perfektionistische Verhalten besser nachvollziehen können. Dadurch werden Sie auch lernen, den „schwierigen" Perfektionisten wertzuschätzen.

Würdigen Sie das Gute Auch das Wertequadrat (siehe „Wissenswertes" im Abschnitt „Der kreative Chaot", S. 39) hilft dabei, das schwierige, ungünstige Verhalten des Perfektionisten mit anderen Augen zu sehen. Mit dieser **Würdigung** können wir das **Gute im Schlechten** entdecken. Dazu betrachten wir zuerst die Polarisierungen. Sie sagen: „Ich bin situativ flexibel und konzentriere mich nur auf das Wesentliche. Der Perfektionist ist kleinkariert und pedantisch." Der Perfektionist wird sagen: „Ich bin konsequent und gewissenhaft. Sie sind schlampig und unzuverlässig."

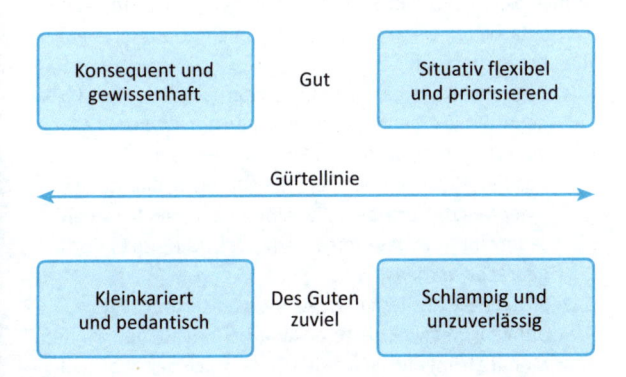

Konsequent und gewissenhaft	Gut	Situativ flexibel und priorisierend

Gürtellinie
⟵──────────────⟶

Kleinkariert und pedantisch	Des Guten zuviel	Schlampig und unzuverlässig

Der Perfektionist

Typisch für solche Polarisierungen ist, dass sich jeder in dem Wert sonnt, der ihm heilig ist. Der andere wird unterhalb der Gürtellinie, im Keller der Entgleisung angegriffen. Die Richtungen des Vorwurfs folgen den Diagonalen von oben nach unten.

Man kann den Spieß aber auch umdrehen. Dazu interpretiert man das Ungünstige, Missliche unten im Wertequadrat als *des Guten zu viel*. Dadurch dreht sich das Negative *kleinkariert und pedantisch* ins Positive *konsequent und gewissenhaft*. Nun sehen Sie das Verhalten des Perfektionisten in einem ganz anderen Licht. Ihre neue Wahrnehmung enthält jetzt Anerkennung. Damit reagieren Sie auf den Perfektionisten respektvoller und konstruktiver. So ist ein gutes Ergebnis deutlich wahrscheinlicher.

Toolbox: Hilfreiche Formulierungen
Kurzformel für klare Aussagen
Beim Perfektionisten müssen Sie schnell auf den Punkt kommen, sonst hört er Ihnen nicht zu. Je klarer Sie Kernaussage und Begründung formulieren, desto überzeugender ist Ihre Wirkung. Dafür gibt es eine klar strukturierte und logisch aufgebaute Formel – die **3B-Formel**. Sie enthält folgende drei Elemente: **B**ehauptung, **B**egründung und **B**ekräftigung. Wie funktioniert diese Formel? Nehmen wir an, Sie brauchen für ein neues Projekt noch zwei Mitarbeiter. Dann sieht Ihre Argumentationskette gegenüber Ihrem Chef so aus:

- Beginnen Sie mit einer positiven Kernaussage: „Für unser neues Projekt benötige ich dringend noch zwei Mitarbeiter!" (Achten Sie bei der Formulierung darauf, dass sie positiv ist. Das ist überzeugender als die Behauptung einer Negativaussage („Mit der momentanen Mitarbeiteranzahl kann das Projekt nicht rechtzeitig zu Ende gebracht werden.").
- Stützen Sie die Kernaussage mit zwei bis drei Begründungen: „Mit zwei weiteren Mitarbeitern können wir drei Monate früher fertig werden, sodass sich der finanzielle Mehraufwand rechnet." (Natürlich sind Sie vorbereitet

und könnten das auch vorrechnen.) „Die Entlastung der anderen Mitarbeiter führt zu höherer Qualität und damit zu weniger Reklamationen der Kunden."
- Zum Abschluss bekräftigen Sie die Kernaussage durch Wiederholung. So entsteht eine Klammer um Ihre Argumente. Das verleiht Ihrem Anliegen mehr Nachdruck: „Deshalb benötige ich für unser Projekt dringend zwei weitere Mitarbeiter!"

Kurzformel für Antworten Die 3B-Formel lässt sich auch beim Beantworten von Fragen einsetzen. Betrachten wir dazu nochmal die Fragen von Dr. Oswald an Max.

1. Chef: „Was machen wir mit Ihrer Lösung, wenn sich das Kundenverhalten im nächsten Jahr entscheidend ändert?"
   Max: „Wir gehen davon aus, dass sich das Kundenverhalten nur geringfügig ändert." (Behauptung) „Die zwei wichtigsten Belege hierfür sind: ..." (Begründung)
   „Deshalb wird sich höchstwahrscheinlich das Kundenverhalten nächstes Jahr nicht ändern!" (Bekräftigung)

2. Chef: „Was machen wir, wenn sich die Neuerung in einem Jahr als Flop erweist?"
   Max: „Wir erwarten eine optimistische Entwicklung." (Behauptung)
   „Grund dafür sind die Zahlen des Sachverständigenrates und des Konjunkturforschungsinstituts. Im Einzelnen sind das ..." (Begründung)
   „Deshalb bin ich überzeugt: Diese Neuerung wird nächstes Jahr noch erfolgreicher sein als dieses!" (Bekräftigung)

Wissenswertes: Komplexes einfach und glaubwürdig formulieren

„Worte schaffen Wirklichkeit", sagt Hemingway. Sie beschreiben nicht nur Sachverhalte, sondern sie wecken auch Wertungen. Jemand, der in ein Unternehmen *einsteigt,* wirkt aktiver und leistungsfähiger als jemand, der dort nur *untergekommen* ist.

Beim Sprechen kommt es nicht nur auf korrekte Inhalte an, sondern darauf, dass sie so vorteilhaft formuliert werden, dass auch Perfektionisten gerne zuhören. Im Folgenden erfahren Sie, wie Sie Sprache einfach, verständlich und souverän benutzen.

Benutzen Sie Hauptsätze. Da wir im Gespräch – anders als beim Lesen – nicht zurückblättern können, müssen wir beim ersten Mal verstanden werden. Machen Sie es Ihrem Gegenüber so leicht wie möglich. Das bedeutet: Reden Sie in kurzen Hauptsätzen (ca. 12 – 15 Wörter).

Vermeiden Sie Schachtelsätze. Schachtelsätze gehören in die Tonne oder die Schachtel. Lange Sätze dienen nur der Selbstdarstellung. Sie zeigen, dass man auf dem Hochseil der Grammatik Pirouetten drehen kann. Für Klarheit sorgen Bandwurmsätze hingegen nicht. Vielmehr schaffen sie das Gegenteil – Verwirrung und Missverständnisse.

Machen Sie den Punkt! In der gesprochenen Sprache neigen wir dazu, unseren Gedankenfluss durch „und"-/"oder"-Verbindungen oder durch Nebensätze auszudrücken. „Ich komme aus der Marketingabteilung und ich habe drei Jahre Erfahrung im Bereich CRM, und das neueste Projekt stammt aus dem Logistikumfeld, in dem wir bisher noch keine Erfahrungen gemacht haben, aber einen Kooperationspartner aufgetan haben, mit dem wir zusammenarbeiten können und mit dem wir in der Vergangenheit schon gute Erfahrungen gemacht haben ..." Wer zu lange redet, verliert das Interesse seiner Zuhörer. Sprechen Sie nach der Grundregel: „Ein Gedanke – ein Satz!"

Sprechen Sie aktiv. Aktive Formulierungen sind deutlich verständlicher als passive. Passiv: „Die Machbarkeitsstudie wurde seitens des Vorstands in Auftrag gegeben." Aktiv: „Der Vorstand will wissen, was geht und was nicht. Deshalb beauftragte er dazu eine Studie."

Setzen Sie Fremdwörter sparsam ein. In Unternehmen erfüllen Fachbegriffe meist die Funktion von Pass-Wörtern. Man kann mit Ihnen Expertise, Zugehörigkeit und „Stallgeruch" demonstrieren. In Unternehmen mit vielfältiger Arbeitsteilung und mit tiefgreifender Spezialisierung kennt der Vorgesetzte aber oft nicht alle Fachbegriffe. Gerade für Perfektionisten kann das unangenehm sein, da es für sie einen Gesichtsverlust bedeutet.

Geizen Sie mit Adjektiven. Viele Adjektive sind einfach überflüssig. Sie sind tautologisch. Das heißt, sie bieten keinen Mehrwert. Ein Beispiel für Tautologie in einem Satz: Wenn es regnet, regnet es.
   Beispiele für tautologische Adjektive:
- Harte Knochenarbeit
- Wichtige Meilensteine
- Wesentliche Eckpfeiler
- Kritisches Hinterfragen
- Gezielte Maßnahmen

Adjektive sollen der Unterscheidung dienen, z. B.: Das gelbe, nicht das rote Haus.

Verzichten Sie auf Füllwörter und Floskeln. Füllwörter sind Verlegenheitsfloskeln. Sie sind wie Hülsenfrüchte und blähen die Sätze auf. Wir brauchen sie nicht. Ohne sie sprechen wir präziser, da wir uns in der Stille der Pause konzentrieren. So denken wir auch präziser. Wenn wir die Denkpause zwischen sinntragenden Worten nicht aushalten, hören wir: „Ähm, eh, ja, also, eigentlich, echt, oder so, nicht wahr? Okay? Stimmt's? An der Stelle, sozusagen, quasi, letztlich, am Ende des Tages ..." Haben Sie Mut zur Stille, sagen Sie einfach nichts. Während Sie nachdenken, hat Ihr Gesprächspartner Zeit, das Gehörte zu verarbeiten.

Seien Sie so konkret wie möglich. Konkrete Wörter haften besser. Sie bleiben dem Zuhörer leichter und länger in Erinnerung. Gerade der Perfektionist mag nichts Ungefähres. „Bald / mittelfristig" sind für ihn keine Zeitangaben, „ein paar / einige" sind nichts Zählbares. Deshalb sagen Sie statt „Bald bekommen Sie ein paar Seiten" besser: „Morgen früh um neun haben Sie die ersten fünf Seiten auf Ihrem Schreibtisch."

Formulieren Sie positiv. Manchmal formuliert man unsicher, weil man nicht weiß, ob etwas möglich oder machbar ist. Man will sagen: „Die Sache ist unsicher." Doch häufig kommt an: „**Ich** bin nicht sicher." Diesen Eindruck können Sie verhindern, wenn Sie das Unsichere präzise in der Sache und im Brustton der Überzeugung vortragen.

Nicht:	Sondern:
„Doch, das müsste irgendwie möglich sein ..."	„Eine mögliche Lösung ist ..."
„Ich vermute mal, wir könnten ein gutes Ergebnis erzielen."	„Die Zahlen sprechen dafür, dass wir ein gutes Ergebnis erwarten können."
„Ehm, vielleicht könnten wir es so machen, dass ..."	„Ich schlage vor, wir konzentrieren uns zunächst ..."

Gerade wenn wir Wünschen nicht zu 100 % nachkommen können, neigen wir zu spontanen Äußerungen wie: „Das geht auf keinen Fall!" oder „Nein, das kann ich so nicht machen.". Wir sagen sofort, was nicht geht. Besser fühlt es sich für Ihren Gesprächspartner an, wenn Sie das Mögliche betonen. Das klingt aktiver, dynamischer und vor allem konstruktiv.

Nicht:	Sondern:
„Das geht heute auf gar keinen Fall."	„Ich kümmere mich gleich morgen darum."
„Ich habe die Unterlagen nicht."	„Ich weiß, wo die Unterlagen sind."
„Ich weiß nicht, ob ..."	„Ich werde mich erkundigen und mich dann wieder bei Ihnen melden."
„Das schaffen wir nie in zwei Tagen!"	„In zwei Tagen schaffen wir ungefähr die Hälfte, den Rest erhalten Sie am Freitag."
„Das ist nicht mein Ressort."	„Ich habe hier die Nummer meiner Kollegin. Sie bearbeitet das Ressort."
„Ich habe bis 15. März leider überhaupt keine Zeit!"	„Ab 16. März habe ich Zeit für Sie."

Wenn Sie auch nur einige dieser Tipps beherzigen und anwenden, versteht Sie Ihr Gesprächspartner, insbesondere Ihr perfektionistischer Chef, besser. Durch Ihre Wortwahl drücken Sie aus, dass Sie Probleme lösen können und genau wissen, was Sie tun. Dadurch gewinnen Sie das Vertrauen des Perfektionisten und erreichen somit leichter, was Sie wollen.

Das Wichtigste in Kürze

Typisch Perfektionist
- Der Perfektionist ist ein Kontrolleur. Er will sich um alles selbst kümmern. Dabei achtet er pedantisch auf jedes Detail. Er ist als Chef ein Mikromanager, der alles liebt, was Sicherheit und Berechenbarkeit ins Leben bringt. Seine Ausdrucksweise klingt oft spröde und formell.

Warnungen! Bitte nicht:
- Spontan in ein Gespräch gehen. Der Perfektionist ist immer vorbereitet. Beziehen Sie in Ihre Vorbereitungen erfahrene Kollegen ein.
- Ihn mit Informationen überschütten. Der Perfektionist liest gern, hört aber ungern zu. Halten Sie sich kurz.
- Ihn überraschen. Alles, auf was der Perfektionist nicht vorbereitet ist, mag er gar nicht.

Empfehlungen
- Seien Sie berechenbar und vertrauenswürdig. Halten Sie sich an Vereinbarungen. Seien Sie pünktlich.
- Bereiten Sie sich intensiv vor. Üben Sie mit Sparringspartnern und fühlen Sie sich in die Rolle des Chefs ein.
- Würdigen Sie das Gute. Finden Sie mithilfe des Wertequadrats das Gute im ungünstigen Verhalten. Das macht das Gespräch konstruktiver.
- Nutzen Sie die Kurzformel 3B für präzise Aussagen und klare Antworten. Mit Behauptung, Begründung, Bekräftigung kommen Sie schnell auf den Punkt. Dann hört der Perfektionist gerne zu.

Wissenswertes
Sie sind verständlich, präzise und souverän, wenn Sie ...
- in Hauptsätzen sprechen,
- Schachtelsätze vermeiden,
- aktiv formulieren,
- mit Adjektiven geizen,
- auf Füllwörter und Floskeln verzichten,
- so konkret wie möglich sprechen,
- positiv formulieren.

Der Unnahbare

> **BEISPIEL**
>
> Max hat gleich einen Termin bei Herrn Zacker, dem Finanzchef des Unternehmens. Er möchte mit ihm klären, ob die Firma die neue Betriebssoftware finanzieren kann. Die Sekretärin führt Max in das Chefzimmer und stellt ihn vor. Der Finanzchef bleibt hinter seinem Computer sitzen, blickt nur kurz auf und tippt etwas in den Rechner. Nach etwa einer Minute bittet er Max, am Besuchertisch Platz zu nehmen. Max bereitet seine Unterlagen vor. Fünf Minuten später setzt sich Herr Zacker zu Max an den Tisch und fordert ihn auf anzufangen. Während Max seine Präsentation erläutert, verschränkt Herr Zacker die Arme, lehnt sich zurück und blickt starr auf die Präsentationsfolien. Max bemüht sich, das neue System mit klaren Zahlenanalysen, Kosten-Nutzen-Rechnungen und beispielhaften Vorteilen darzustellen. Der Finanzchef sitzt teilnahmslos da und zeigt weder positive noch negative Reaktionen. Max fühlt sich immer unsicherer. Deshalb fragt er den Finanzleiter, ob bisher alles klar sei. Als Antwort erhält er nur ein kurzes „Jaja". So erläutert Max sein Konzept zu Ende. Anschließend fragt er nach der Meinung des Finanzchefs. Nach etwa 10 Sekunden Stille steht Herr Zacker auf, sagt, er werde darüber nachdenken, und verabschiedet sich kurz und bündig. Verstört und unsicher geht Max durch das Vorzimmer an der Sekretärin vorbei. Sie lächelt ihm aufmunternd zu.

Typisch unnahbar

Der Unnahbare oder Distanzierte ist zurückhaltend und verschlossen. Es scheint, als sei er von einer undurchdringlichen Mauer umgeben. Was es vor allem schwer macht, mit diesem

Typ Chef umzugehen, ist seine emotionale Undurchsichtigkeit. Durch sein kühles, distanziertes Verhalten ist er schwer bis gar nicht einzuschätzen. Dadurch weiß der Mitarbeiter nie so recht, woran er mit diesem Vorgesetzten ist.

Undurchschaubare sind meist wortkarge Zeitgenossen, denen man alles aus der Nase ziehen muss. Oft werden sie von ihren Angestellten als Kühlschrank bezeichnet. Manchmal wirken sie durch ihre kalte Art arrogant. Sie sind häufig erfolgreich in Finanz- und Controllingabteilungen anzutreffen, denn ihr Interesse gilt vor allem den schwarzen und roten Zahlen, dem Betriebsergebnis sowie der Gewinn- und Verlustrechnung. Gewinn und Verlust im emotionalen Bereich sind für sie dagegen wenig von Interesse. Ob sie anderen gefallen oder generell beliebt sind, ist ihnen ziemlich egal. Ihre Kritik ist oft hart, manchmal sogar zynisch.

Ihre Sprache unterstreicht diese Kühle. Sie formulieren sehr vernunftbetont, gebrauchen vor allem abstrakte Begriffe und vermeiden das Wort „Ich". Sie sagen nicht: „Ich ärgere mich, wenn ich sehe, welche Lieferanten Sie aussuchen." Sondern eher: „Man wundert sich manchmal, nach welchen Gesichtspunkten Lieferanten gewählt werden." Nicht: „Ich war enttäuscht." Sondern eher: „Da war ein gewisses Bedauern vorhanden." Sprache und Verhalten der Unnahbaren wird psychologisch so gedeutet: Durch ihr distanziertes Verhalten schützen sie zum einen ihre Privatsphäre. Zum anderen verstecken sie hinter der Mauer des Logisch-Abstrakten ihre Angst. Sie fürchten sich davor, eine falsche Meinung zu äußern. Noch schlimmer wäre es für sie, eine falsche Entscheidung zu treffen.

Durch ihre Coolness wollen sie zwar interessant und rätselhaft wirken wie eine Sphinx. In Wirklichkeit sind sie aber häufig angespannt und fürchten sich davor, ihre Schwächen zu zeigen. Durch ihr *unnahbares* Verhalten versuchen sie, sich *unangreifbar* zu machen.

Was Sie lassen sollten

Emotional zu nahe kommen Kommen Sie dem Distanzierten nicht zu nahe, etwa durch sehr wohlwollendes, einschmeichelndes Verhalten. Auch körperliche Nähe wie Berührungen versteht er nur als Anbiederung und verachtet Sie eher dafür. Für ihn ist der Wunsch, gefallen zu wollen, völlig unnötig. Deshalb versteht er Ihre Absicht überhaupt nicht. Da er Ihre Emotionen nicht versteht, ignoriert er sie. Sie werden für ihn unsichtbar.

Lob erwarten Erwarten Sie von ihm keine Streicheleinheiten. Wenn Sie für Ihre Leistung Lob und Anerkennung wollen, laufen Sie bei dem unnahbaren Chef ins Leere. Er fordert viel, kann aber nur wenig Positives zurückgeben. Lob und Anerkennung setzen eine gewisse Nähe zum anderen voraus. Genau diese Nähe meidet der Unnahbare in der Chefetage. Er setzt seine Mitarbeiter hauptsächlich nach Zweck und Unternehmenszielen ein.

Nach eigener Gebrauchsanweisung handeln Wahrscheinlich neigen Sie dazu, andere so zu behandeln, wie Sie gern behandelt werden möchten. Doch der Unnahbare ist anders als Sie, hat andere Bedürfnisse und Wünsche. Wenn Sie etwa den Eindruck haben, es gehe ihm schlecht, würden Sie ihn vermutlich gerne fragen, was mit ihm los sei. Denn diese Reaktion würden Sie sich wahrscheinlich an seiner Stelle wünschen. Doch der Distanzierte will keine Anteilnahme. Er zieht sich lieber in sein Schneckenhaus zurück.

Was Sie tun sollten

Der Unnahbare verhält sich schweigsam und ergebnisorientiert. Außerdem ist er kritisch und misstrauisch. Deshalb ist es wichtig, dass Sie sein Misstrauen reduzieren und Vertrauen zu ihm aufbauen. Die richtigen Schritte dazu finden Sie auf der folgenden Seite.

Geduldig sein Durch seine Unsicherheit braucht der Unnahbare etwas länger Zeit, um im Gespräch aufzutauen und um Entscheidungen zu treffen. Geben Sie ihm diese Zeit! Machen Sie im Gespräch eine Pause und halten Sie die Stille aus. Der Unnahbare wird es Ihnen danken, wenn Sie ihn nicht hetzen. Denn paradoxerweise ist es besser, ihn in Ruhe zu lassen, um ihn für etwas zu gewinnen.

Abstand halten Bleiben Sie auf Abstand. Seien Sie zurückhaltend in Ihrer Art, bestimmt und sachlich im Ausdruck, und stellen Sie Ihre Kompetenz an kurzen Beispielen unter Beweis. Zeigen Sie sich dabei selbstsicher, denn der Unnahbare lehnt devote und vor allem unsichere Menschen ab. So wird er Ihre Loyalität schätzen lernen.

Den Unnahbaren vorbereiten Reichen Sie vor jedem Gespräch ein Arbeitspapier bei ihm ein. Je sachlich strukturierter sie es gestalten und je klarer und präziser Sie im Ausdruck sind, desto mehr wird er geneigt sein, Ihnen während des Gespräches zuzuhören.

Mit Vertrauten sprechen Auch für den Unnahbaren gibt es Personen, denen er zumindest ein wenig vertraut. Wie im Praxisbeispiel mit Max ist das häufig die Sekretärin oder die Assistentin. Sie kennt ihren Chef mit seinen Gewohnheiten, Stimmungen und Vorlieben. Stellen Sie sich mit dieser Person gut! Das kann für Sie von großem Nutzen sein. So können Sie einiges über eine positive Zusammenarbeit mit ihm in Erfahrung bringen. Dadurch können Sie sich gezielter auf das Treffen mit ihm vorbereiten.

Toolbox: Hilfreiche Formulierungen
Wie bringe ich den Zurückhaltenden dazu, seine Meinung zu äußern? Neben Vertrauensaufbau ist vor allem, die **Kunst des guten Fragens** wichtig. Im Folgenden sehen Sie einige Beispiele dazu.

Offene Fragen Offene Fragen „öffnen" den Gesprächspartner, da er nicht nur mit „ja" oder „nein" antworten kann. Sie sind vor allem sinnvoll, um Ihr Gegenüber ins Sprechen zu bringen. Offene Fragen beginnen meist mit „W". Deshalb werden sie auch **W-Fragen** genannt. Hier einige Beispiele:
- „Welches Ziel haben Sie sich gesetzt?"
- „Welche Erfahrungen haben Sie gesammelt?"
- „Wie kam es zu dieser Beschwerde?"
- „Wodurch ist dieses Risiko entstanden?"
- „Worin sehen Sie die wichtigsten Vorteile der Strategie?"
- „Mit welchen Risiken müssen wir Ihrer Ansicht nach rechnen?"
- „Wieso können die Ressourcen nicht freigegeben werden?"
- „Warum haben Sie so entschieden?"

Vorsicht bei „Wieso"- und „Warum"-Fragen! Sie klingen häufig ein wenig nach einem Polizeiverhör. Dadurch fühlt sich der Gesprächspartner unter Druck gesetzt. Besser hören sich wertneutrale Formulierungen an wie etwa:
- „Welche Gründe haben Sie bewogen, die Entscheidung zu vertagen?"
- „Was gab den Ausschlag, die Ressourcen nicht freizugeben?"

Geschlossene Fragen Geschlossene Fragen können mit „ja" oder „nein" beantwortet werden. Sie sind geeignet, um klare Aussagen zu erhalten, ein Thema auf den Punkt zu bringen oder am Ende eines Gesprächs eine Entscheidung zu erreichen.
- „Sind Sie einverstanden, dass ich Sie morgen früh anrufe?"
- „Möchten Sie jetzt eine Entscheidung von mir?"
- „Ist Ihrer Meinung nach dieser Maßnahmenplan leicht umsetzbar?"
- „Können Sie damit leben?"

Alternativfragen Sie dienen ebenfalls der schnelleren Entscheidungsfindung.
- „Soll ich Sie heute zurückrufen oder besser morgen?"
- „Wollen Sie den Bericht bis Montag oder bis Freitag?"

Impulsfragen Diese Fragen nennt man auch Echo-Fragen. Sie wiederholen ein Wort oder eine Aussage Ihres Gesprächspartners. Dabei betonen Sie so, als ob Sie eine Frage stellen würden. Sie setzen damit einen Impuls. Dieser soll den Gesprächspartner taktvoll dazu veranlassen, seine Aussage zu präzisieren oder zu korrigieren.
- „Damit bin ich unter keinen Umständen einverstanden." – „Unter keinen Umständen?"
- „Das ist mir zu riskant?" – „Zu riskant?"
- „Das war ein aufschlussreiches Meeting." – „Aufschlussreich?"

Übertriebene Fragen Vor allem wenn Ihr Gesprächspartner sich nicht festlegen will, kann er mit dieser Technik sanft zu einer Stellungnahme gezwungen werden.
- „Sie würden also unter gar keinen Umständen dieses Projekt unterstützen?"
- „Sie schließen sozusagen ein Treffen mit Herrn Müller für alle Zeiten aus?"
- „Sind Sie sicher, dass Sie niemals diese Option wählen?"

Lösungsfragen I Diese Fragen führen den Gesprächspartner trotz vorhandener Hindernisse in Richtung eines möglichen Ergebnisses. Sie sind sehr lösungsorientiert. Meistens stehen sie im Konjunktiv.
- „Was bräuchten Sie, um die Ressourcen freizugeben?"
- „Unter welchen Umständen würden Sie dem Plan zustimmen?"
- „Was müsste geschehen, dass Sie das Projekt genehmigen?"

Lösungsfragen II Auch diese Fragen zielen auf mögliche Handlungsoptionen und Lösungen ab. Die Formulierungen nehmen aber einen Umweg. Entweder über eine Vorstellung in der Zukunft. Oder über Dritte, die wichtig für die Lösung sind. Man stellt die Fragen also entweder aus einer zukünftigen Perspektive oder aus Sicht einer anderen Person/Personengruppe. Der Vorteil dieser Frageform ist: Der Fragende wird nicht als Bremser und Problemverursacher wahrgenommen. Vielmehr wirkt er wie jemand, der mögliche Probleme voraussieht und so entscheidend zum Gelingen beiträgt.

- „Mal angenommen, das Projekt wird erfolgreich am 15. März beendet. Was genau hat dazu geführt?" (Erfolgskriterien ermitteln)
- „Mal angenommen, das Projekt wird an die Wand gefahren. Am 15. März nächsten Jahres steht fest: Es ist gescheitert. Was genau hat dazu geführt?" (Risikokriterien ermitteln)
- „Was würden wohl unsere Aktionäre zu dieser Lösung sagen?"
- „Wie wird wohl unser Kunde auf diese Maßnahmen reagieren?"
- „Was glauben Sie, wie wohl der Wettbewerber auf diese Entscheidung reagieren würde?"

Paraphrasieren Da Sie und Ihr unnahbarer Chef nicht notwendigerweise „die gleiche Sprache sprechen", ist es vorteilhaft, das Gesagte und manchmal auch nur Geahnte mit eigenen Worten zusammenzufassen. Das ist der sicherste Weg, um die mögliche Kluft zwischen Ihnen und Ihrem Chef zu schließen.

- „Wenn ich das bis hierher mal zusammenfassen darf. ... Gebe ich Sie so richtig wieder?"
- „Für Sie ist also besonders wichtig, dass ..."
- „Ich habe Sie bis jetzt so verstanden: ..."

Wissenswertes: Über Hören und Verstehen – zwischen den Zeilen lesen

Ein Gesetz der Kommunikation besagt: „Es ist egal, was Sie sagen, es ist egal, was Sie meinen. Entscheidend ist, was der andere versteht, wie es bei ihm ankommt."

Häufig kommen unsere Äußerungen anders an, als wir es beabsichtigt hatten. So könnte z.B. ein Mitarbeiter versuchen, seinem distanzierten Chef durch ein ehrlich gemeintes Lob Dankbarkeit und Wertschätzung zu vermitteln. Doch mit seinem Satz „Mensch, Chef, Sie haben unsere Interessen gegenüber der Einkaufsabteilung wirklich toll vertreten!" erntet der Mitarbeiter nur Schweigen, verständnisloses Kopfschütteln und ein kurzes „Quatsch!". Woher rührt dieser Unmut? Erstens kann ein distanzierter Mensch mit Emotionen, in diesem Fall Lob, ohnehin nur schwer umgehen. Zweitens ist der ergebnisorientierte Chef vor allem an Zahlen, Daten und Fakten interessiert. Emotionen wecken eher sein Misstrauen. Das Lob wird von ihm als anbiedernde Schmeichelei interpretiert.

Woran liegt es, dass wir das Gleiche hören, es aber unterschiedlich verstehen? Der Grund ist: Alles, was wir sagen, enthält vier verschiedene Typen von Botschaften. Mit dem Bild einer Harfe erklärt, heißt das: Wer kommuniziert, schlägt vier Saiten gleichzeitig an. Doch einer dieser Töne – also eine Botschaft – dominiert. Um welchen es sich dabei handelt, ist von jedem persönlich abhängig. Ein Schritt zu besserer Kommunikation besteht darin, sich die vier verschiedenen Botschaften einer Aussage klar zu machen. Diese sind:

- Eine Sachinformation: Über welchen Sachverhalt informiere ich?
- Eine Absicht des Sprechers: Was gebe ich als Sprecher von mir zu erkennen? Bin ich froh, kritisch, mürrisch etc.?
- Einen Hinweis auf die Beziehung zwischen den Gesprächspartnern: Was halte ich von meinem Gegenüber? Wie stehe ich zu ihm?
- Einen Appell: Was will ich von ihm? Was erwarte ich von ihm?

Sehen wir uns dazu unser eben dargestelltes Beispiel genauer an: „Mensch, Chef, Sie haben unsere Interessen gegenüber der Einkaufsabteilung wirklich toll vertreten!" Der Angestellte will vermitteln:
- Als Sachinformation: Bei der Verhandlung hat sich Abteilung A mit dem Verhandlungsführer Chef gegen die Abteilung Einkauf durchgesetzt.
- Als Absicht des Sprechers: Ich freue mich über das Ergebnis und bin Ihnen dankbar.
- Als Beziehungshinweis: Ich halte Sie für fähig und durchsetzungsstark.
- Als Appell: Weiter so!

Doch wie kommt diese Äußerung beim Chef an? Er versteht den „Vierklang" der Botschaften anders, weil er die Klänge unterschiedlich filtert. Er interpretiert die vier Botschaften eher so:
- Die Sachinformation ist identisch.
- Absicht des Sprechers: Mit dieser Lobhudelei will er sich bei mir nur einschleimen.
- Beziehungshinweis: Als Chef werde ich dir klarmachen, dass Schleimen bei mir nichts nützt.
- Appell: Er will ja nur, dass ich ihn gut finde und gut behandle.

Um die Kommunikation zu verbessern, ist es entscheidend, die vier Botschaften sowohl beim Sprechen als auch beim Zuhören angemessen zu benutzen. Angemessen bedeutet für den Sprecher, alle Botschaften klar und eindeutig zu formulieren. Für den Zuhörer heißt angemessen, auf alle Töne zu achten. Das bedeutet im Einzelnen:

Der Sachinformation kommt im Geschäftsleben besonders große Bedeutung zu. Dabei sind vor allem drei Kriterien zu beachten. Denn sie steigern die Klarheit im Ausdruck und verbessern so die Qualität des Gesprächs.

1. Das Wahrheitskriterium. Ist der Sachverhalt wahr oder unwahr? Zutreffend oder unzutreffend?
2. Die Relevanz. Ist der Sachverhalt von Belang oder nicht von Belang? Wichtig oder unwichtig?
3. Die Vollständigkeit. Sind die Sachhinweise ausreichend für das Thema oder muss noch anderes bedacht werden?

Diese drei Kriterien eröffnen natürlich auch dem Gesprächspartner die Möglichkeit, nachzuhaken und Klarheit zu schaffen.

Die Absicht des Sprechers Bei jeder Äußerung drückt man auch seine Gefühle und Wünsche aus. Wenn der Chef beispielsweise zu einem Mitarbeiter sagt: "Sie sind ja heute mal früh da!", beschreibt das nicht nur sachlich die zeitliche Ankunft des Angestellten. Darüber hinaus äußert der Chef Überraschung und Freude, dass der andere "heute mal" früher dran ist (vorausgesetzt der Satz wurde ohne Ironie gesprochen).

Der Beziehungshinweis wird besonders sensibel gehört. Aufgrund der Interpretation dieses Hinweises wird entschieden: Wie fühle ich mich behandelt? Neben der Formulierung sind hier auch Tonfall und Mimik wichtig. Wenn das, *was* gesagt wird, mit dem, *wie* es gesagt wird, nicht übereinstimmt, entscheiden sich die meisten bei der Interpretation für das *Wie*. Dann macht "der Ton die Musik." Wenn beispielsweise der Chef im Gespräch mit seinem Mitarbeiter "Toll, toll" murmelt, während er mit seinem Smartphone beschäftigt ist, wird der Angestellte den Worten weniger glauben als der Sprechweise und der Körpersprache des Chefs.

Der Appell drückt aus, was ich von meinem Gegenüber erwarte. Besonders bei distanzierten Menschen, die wenig reden, wird nicht immer klar, was sie genau vom anderen wollen. Hier ist der Mut des Mitarbeiters gefordert, dem Chef zurückzumelden, was verstanden wurde und wo er noch vor einem Rätsel steht. Nur dann können Missverständnisse ausgeräumt und die Arbeitsatmosphäre verbessert werden.

Das Wichtigste in Kürze

Typisch unnahbar
- Der Unnahbare ist zurückhaltend und verschlossen. Durch sein kühles, distanziertes Verhalten ist er schwer bis gar nicht einzuschätzen. Er legt Wert auf Zahlen, Daten und Fakten. Der Umgang mit Emotionen fällt ihm schwer. Er spricht abstrakt und in der Man-Form („Man wundert sich ..."). Er fürchtet, Fehler zu machen. Durch seine Zurückhaltung versucht er, sich unangreifbar zu machen.

Warnungen! Bitte nicht:
- Dem Distanzierten zu nahe kommen. Er versteht es entweder nicht, oder er wertet es als Anbiederung.
- Lob erwarten. Jemandem mit Worten Anerkennung zu geben fällt dem Unnahbaren sehr schwer.

Empfehlungen
- Seien Sie geduldig. Geben Sie ihm Zeit, um ihn zu etwas zu bewegen.
- Halten Sie Abstand. Zurückhaltung im Wort und bei Körperkontakten schätzt der Distanzierte sehr.
- Bereiten Sie ihn gut vor. Er fühlt sich wohler, wenn er weiß, was kommt, denn er mag keine Überraschungen.
- Sprechen Sie mit seinen Vertrauten. Seine Assistenten oder Sekretärinnen sind vermutlich mitteilungsfreudiger. Diese Informationen können Gold wert sein.

Wissenswertes
Was gesagt wird, kommt oft anders an, als es gemeint war. Damit die Kluft zwischen dem Sprecher und dem Hörer einer Äußerung kleiner wird, ist es wichtig, sich die vier Botschaften einer Aussage bewusst zu machen. Dies sind Informationen ...
- zur Sache,
- zur Absicht des Sprechers,
- zur Beziehung,
- zum Appell.

Die Fähigkeit, alle vier Töne zu beachten und zu unterscheiden, verhindert Missverständnisse und verbessert die Atmosphäre.

Der Choleriker

> **BEISPIEL**
>
> Max hat eine Wettbewerbsanalyse durchgeführt. Der Auftrag dazu kam von seinem direkten Vorgesetzten. Das Ergebnis dieser Analyse soll Max heute dem Strategie-Chef, Herrn Strass, vorstellen. Als Max von der Sekretärin in sein Büro gebeten wird, telefoniert Herr Strass gerade. Das Gespräch scheint ihn aufzuregen. Unruhig geht er auf und ab, seine Stirn ist gerunzelt, er unterhält sich lautstark und beendet das Gespräch mit einem abrupten: „Gut. Dann eben nicht!" Jetzt erst wird Herr Strass auf Max aufmerksam und deutet ihm an, er möge sich bitte hinsetzen. Der Chef atmet nochmal deutlich hörbar aus, setzt sich zu Max an den Besuchertisch und möchte wissen, weshalb er da sei. Max erklärt es ihm kurz und beginnt, die Ergebnisse der Wettbewerbsanalyse vorzustellen. Da klingelt das Handy von Herrn Strass. Er antwortet schroff mit „Strass", hört kurz zu, knurrt wütend „Ich habe NEIN gesagt. Rede ich Chinesisch, oder was?", und beendet das Telefonat wieder. Dann wendet er sich Max zu und fragt ihn ruppig, wieso er nicht schon früher gekommen sei. Das Ergebnis der Untersuchung sei schließlich entsetzlich. Er müsse so etwas schneller wissen. Max will ihm antworten, da kommt plötzlich die Sekretärin herein. „Habe ich nicht laut und deutlich gesagt, dass wir nicht gestört sein wollen. Nachher!", blafft er sie an. Dann wendet er sich Max zu. „Was sind die Gründe für das schlechte Ergebnis?" Als Max erklärt, dass es gar nicht so schlecht sei, verliert Herr Strass die Nerven. „Wie kommt ein Dahergelaufener wie Sie auf die Idee, mein Urteil infrage zu stellen? Was glauben Sie eigentlich, wer Sie sind? Ich mache das jetzt seit 20 Jahren, da lasse ich mich doch von so einem Marketingfrischling nicht blöd von der Seite anlabern. Außerdem

sind Sie viel zu spät dran mit Ihrer Analyse. In dem Schneckentempo können Sie als Beamter in der Verwaltung arbeiten, aber nicht hier bei mir. Ist das klar?" Die letzten Worte schreit Herr Strass nur noch heraus, sein Gesicht ist inzwischen rot angelaufen. Max ist verstört und sprachlos. Er weiß nicht, ob er weglaufen oder zurückbrüllen soll. Er fühlt sich unterlegen, kann keinen klaren Gedanken fassen. In diesem Moment geht die Tür erneut auf. Die Sekretärin führt den Chef der Produktionsabteilung herein, mit dem Herr Strass ebenfalls einen Termin hat. Scheinbar entspannt und aufgeräumt begrüßt Herr Strass den neuen Besucher. „Noch mal Glück gehabt", denkt Max erleichtert und verlässt das Büro so schnell wie möglich.

Typisch Choleriker

Gemeinhin werden Menschen als Choleriker bezeichnet, die wie im Beispiel leicht aus der Fassung zu bringen sind und zu starken Wutausbrüchen neigen. Sie sind jähzornig, leben ihre Wut mehr oder weniger unkontrolliert aus, weil sie meinen, dies zu dürfen, oder es nicht anders gelernt haben. Mit Rückschlägen und Niederlagen können sie schlecht umgehen. Neben ihren Aggressionen stellt uns ihre Unberechenbarkeit vor eine enorme Herausforderung. Häufig rasten sie aufgrund von Kleinigkeiten aus. Schon die sprichwörtliche Fliege an der Wand kann zu vulkanartigen Ausbrüchen führen. Die Vehemenz ist für Außenstehende nicht nachvollziehbar, wirkt übertrieben, ungerecht, zuweilen beängstigend. Cholerikern fehlen Respekt und Wertschätzung für andere. Vor allem wenn sie sachlich nicht weiterkommen, greifen sie zur Emotionalisierung. Sie versuchen dann die anderen mit ihrer Sprache, Gestik und Mimik einzuschüchtern. So nutzen sie Konflikte, um sich durchzusetzen und ihre Macht auszuspielen.

Ihre Stärke ist die emotionale Direktheit, die ihnen eine gewisse Glaubwürdigkeit und Autorität verleiht. In einfachen Hierarchien ist dies oft von Vorteil. Choleriker wissen auch durch ihr Imponiergehabe zu beeindrucken.

Ihre Schwäche liegt in mangelnder Empathie. Da sich Choleriker für das Maß aller Dinge halten, fehlt es ihnen an der Fähigkeit, andere Menschen wirklich wahrzunehmen und auf deren Bedürfnisse einzugehen.

Mit der Zeit bekommt man zwar mit, worauf Choleriker besonders empfindlich reagieren. Komplett vorhersehbar wird ihr Verhalten in der Regel aber nie.

Was Sie lassen sollten

Direkt widersprechen Solange der Choleriker auf 180 ist, wird er Ihren Argumenten nicht zugänglich sein. Sobald er ein „ja, aber" hört, wird er sich weiter in seine Wut hineinsteigern, da er sich noch nicht verstanden fühlt. Er verharrt in seinem Kampfmodus. Und im Kampf ist das Ohr taub für Argumente und das Auge blind für das Umfeld. Deshalb: Halten Sie sich zurück, atmen Sie tief durch und lassen Sie das Gewitter an sich vorüberziehen.

Ihn beruhigen Vielleicht ist es Ihr erster Impuls, dem Choleriker zu sagen, er solle sich beruhigen oder vorübergehend zurückziehen. Das ist aber gar keine gute Idee. Wir alle kennen den Satz: „Jetzt regen Sie sich doch nicht so auf!" Selbst wir reagieren darauf normalerweise nicht mit sofortiger Einsicht. Ihr Chef, der Choleriker, wird es erst recht nicht tun. Selbst wenn diese Aussage berechtigt ist, wird sie garantiert als Belehrung und Bevormundung wahrgenommen. Beides mag der Choleriker überhaupt nicht.

Bagatellisieren Spielen Sie den Anlass des Ärgers nicht herunter. Für Sie ist es „nur" eine minimale Verzögerung, eine Kleinigkeit, eine unbedeutende Sache. Das teilen wir gern in Sätzen wie „So schlimm ist es jetzt auch wieder nicht" mit. Mit der Bagatellisierung schütten Sie aber nur Öl ins Feuer. Noch fataler wäre es, das Problem mit Ironie oder Übertreibungen auszudrücken: „Davon geht jetzt bestimmt die Welt unter!" Der freundlich gemeinte Scherz bedeutet für den Choleriker Provokation und persönlichen Angriff. Er identifiziert sich mit der Angelegenheit. Damit stellt sie für ihn keine Kleinigkeit dar, sondern ist von großer Wichtigkeit.

Sich rechtfertigen „Entschuldigung, sorry, ich wollte ja nur ..." Besonders wenn wir eingeschüchtert sind, neigen wir dazu, die Umstände zu erläutern, die zu der ungünstigen Situation geführt haben. Das unterstützt den Choleriker in seiner Machtposition. Deshalb: Rechtfertigen Sie sich nicht. Denn dies wird schnell als Schuldeingeständnis wahrgenommen und als Schwäche gedeutet.

Was Sie tun sollten

Gewinnen Sie Abstand. Emotional reagieren wir schneller als gedanklich. Im Umgang mit Cholerikern ist es entscheidend, dass wir trotz der aufgeheizten Stimmung schnell wieder einen kühlen Kopf bekommen und ihn auch bewahren. Am besten gelingt dies mit einer gedanklichen Neubewertung der Situation. Denken Sie sich handlungsfähig (siehe Kapitel „Psychologische Spielregeln", S. 9). Unterscheiden Sie zwischen der Person und ihrem Verhalten.

- „Der Chef insgesamt ist ok. Sein momentanes Verhalten ist ungünstig."
- Denken Sie als Nächstes daran, warum Sie beim Chef sind. Fragen Sie sich:
- „Was will ich? Für mich? Für das Unternehmen?"
- „Wie verhalte ich mich am besten, um dieses Ziel zu erreichen?"

Halten Sie sich auch immer wieder vor Augen, dass eigentlich er das Problem hat und nicht Sie. Er ist in der bemitleidenswerten Situation. So befreien Sie sich aus der Opferrolle.

Geben Sie dem Choleriker das Gefühl, ernst genommen zu werden. Auch hier ist der erste Schritt: Denken Sie sich handlungsfähig! Dafür brauchen Sie Geduld und Neugier. Fragen Sie sich: „Warum würde sich ein vernünftiger und anständiger Mensch so verhalten?" Damit kommen Sie in einen Zustand akzeptierender Neugier. In diesem Zustand können Sie Ihrem Gegenüber Interesse und Aufmerksamkeit signalisieren. Hören Sie genau zu, **konzentrieren Sie sich nicht auf den Menschen, sondern auf das Problem**. Unterbrechen Sie den anderen auf keinen Fall. Lassen Sie ihn ausreden. Anschließend warten Sie selbst noch kurz, bis Sie antworten. Das drosselt das Tempo und nimmt den Druck. Da der Choleriker sich im Krieg wähnt, ist es wichtig, Signale der Friedfertigkeit zu senden.

- Stimmen Sie zu bei Punkten, die wirklich schiefgelaufen sind, etwa: „Es ist wirklich ärgerlich, dass ..."
- Erkennen Sie die Offenheit und Direktheit des Sprechers an: „Danke, dass Sie das so klar ansprechen."
- Ergänzen Sie, was der andere Ihrer Meinung nach ausgelassen hat. Statt zu sagen: „Das ist so falsch, weil ...", sagen Sie: „Genau. Zusätzlich ist mir aufgefallen ..."
- Vergleichen Sie Ihre Standpunkte. Statt den anderen mit seinen Falschaussagen zu konfrontieren, weisen Sie auf die Unterschiede in der Wahrnehmung hin. So stellen Sie keine Fehler, sondern verschiedene Auffassungen fest.

Sprechen Sie mit dem Choleriker in einem ruhigen Moment. Cholerische Attacken treten nur phasenweise auf. Sprechen Sie mit dem Choleriker über sein Verhalten, wenn er ausgeglichen und ruhig ist. Zum einen sind dann die inhaltlichen Probleme und Bedürfnisse zu klären, um die es geht. Wie im Praxisbeispiel könnte das Termintreue sein, auf die der Chef besonderen Wert legt. Dann kennen Sie seine Anforderungen besser und können sich beim nächsten Mal entsprechend darauf vorbereiten. Zum anderen sollte die Form der Meinungsäußerung im Büro thematisiert werden. Wo liegen die – gerade noch – akzeptablen Grenzen?

Vielleicht lässt sich ein Signalwort vereinbaren, das als Grenzhinweis funktioniert. Denn dem Wüterich ist sein Verhalten in hitzigen Momenten nicht bewusst. Ein Signalwort hilft, das Verhalten des Cholerikers zu spiegeln, indem Sie dieses Wort zu Beginn des nächsten Anfalls laut und deutlich aussprechen. So ein Wort kann ein Phantasiewort sein wie beispielsweise „Wukko". Sie können es auch „Spiegel" nennen. Vielleicht bringen Sie Ihren Chef ja dazu, sich vorzustellen, wie sein Anfall aussieht, wenn er sich dabei im Spiegel betrachtet. Diese Vorstellung wird ihm nicht gefallen oder er findet sich sogar lächerlich. Wohlgemerkt: *Er* findet *sich* lächerlich in der Situation, nicht Sie. Das könnte helfen, dass er seine jähzornigen Impulse besser in den Griff bekommt.

Übrigens: Wenn alle Versuche des Einbremsens wiederholt scheitern, dann sollten Sie die Reißleine ziehen. Denn das fortwährende Ertragen ungezügelter Emotion und Aggression ist gesundheitsgefährdend. Sie sind permanent einem unkontrollierbaren Stressreiz ausgesetzt. Das kann über längere Zeit zu psychosomatischen Störungen, Depression oder Burnout führen.

Toolbox: Hilfreiche Formulierungen
Choleriker sind empfindlich und dünnhäutig – besonders in kritischen Situationen. Formulieren Sie daher vorsichtig und diplomatisch, doch trotzdem deutlich in der Sache, mit Selbstbewusstsein und einem klaren Ziel vor Augen. Wenn wir spontan emotional reagieren, treffen wir meist nicht den richtigen Ton. Das gelingt nur mit etwas Abstand und Überlegung. Denken Sie sich handlungsfähig und reagieren Sie dann überlegt rational. Dieser Weg führt zu besseren Ergebnissen. Im Folgenden finden Sie einen Überblick der häufigsten emotionalen Reaktionen. Gegenüber sind die rationalen Argumente aufgelistet.

Spontan-emotional	Rational-ergebnisorientiert
Sagen Sie nicht:	**Sagen Sie stattdessen:**
„Fakt ist ..." „Jeder weiß doch ..."	„Ich denke ..." „Ich frage mich ..."
„Sie haben völlig vergessen, dass ..."	„Genau. Zusätzlich ist mir aufgefallen, dass ..."
„Das stimmt doch nicht!"	„Das verblüfft mich. Sie sehen es so: ... Darf ich Ihnen meine Sicht der Dinge darstellen?"
„Das habe ich Ihnen doch vorher schon mal erklärt."	„Vielleicht habe ich mich unklar ausgedrückt. Was ich meine ..."
„Jeder weiß doch, dass dies der einzig gangbare Weg ist." „Jeder vernünftige Mensch würde dem zustimmen."	„Was genau hindert Sie, zuzustimmen?" „Was bräuchten Sie, um dieser Lösung zuzustimmen?"
„Ja, aber ..."	„Das klingt für mich, als ob ... Zusätzlich ist wichtig, ..."
„Nein. Das sehen Sie falsch."	„Vielleicht habe ich mich unklar ausgedrückt." „Was ich nicht sagen wollte, ist ..." „Was ich sagen wollte, ist ..."

Wenn der Choleriker Sie mit Killerphrasen angreift oder Sie unfair und persönlich attackiert, helfen Ihnen die folgenden Formulierungen.

Angriff	Reaktion
„Das ist doch Quatsch. Das ist nur alter Wein in neuen Schläuchen."	„Sie finden also, dass XY nicht wirklich etwas Neues ist? Ich akzeptiere, dass Sie das so sehen. Dafür spricht ja auch, dass … Doch von meinem Standpunkt sieht die Sache anders aus: Erstens …"
„Das ist pillepalle. Dafür habe ich im Moment überhaupt keine Zeit."	„Das verstehe ich. Lassen Sie uns doch gemeinsam einen neuen Termin finden."
„Schon Ihr erstes Meeting war wirklich stümperhaft vorbereitet. Wir können nur hoffen, dass Ihre Amateurgruppe dieses Mal etwas Besseres leistet!"	„Lassen Sie mich die beiden Punkte, die Sie aufgeführt haben, kommentieren. Erstens die Probleme mit unserem Meeting und zweitens die Zusammensetzung unserer aktuellen Arbeitsgruppe …"
„Sie Anfänger! Sie haben doch keine Ahnung von Marketingstrategien!"	„Lassen Sie mich zwei Antworten darauf geben: zuerst zur Form und dann zum Inhalt. Bezüglich der Form glaube ich, dass wir so nicht zu einer Lösung kommen. Beim Inhalt sehe ich die Dinge etwas anders …"

Wenn das respektlose Verhalten des Cholerikers zunimmt, dann nutzen Sie die folgenden vier Schritte zu Ihrer Selbstbehauptung:

1. Informieren / spiegeln Sie den Choleriker: „Ist Ihnen eigentlich bewusst, dass Sie schreien?" Oder: „Ist Ihnen klar, dass Sie mich mit dieser Äußerung verletzen?"
2. Bitten Sie ihn aufzuhören: „Ich möchte Sie bitten, mich nicht länger anzuschreien."
3. Bleiben Sie beharrlich: „Herr Meier. Ich möchte Sie nochmals bitten, mich nicht anzuschreien." Wenn der Choleriker Sie trotzdem weiter anbrüllt, wechseln Sie zu Schritt vier.

4. Gehen Sie – und bleiben Sie ruhig. „Ich kann mich nicht mit Ihnen unterhalten, wenn Sie mich anschreien. Ich werde jetzt gehen."

Wissenswertes: Die Ursache von Wut und die Kontrolle von Ärger

Choleriker geraten schnell in Wutausbrüche. Vor allem wenn die Choleriker unsere Chefs sind, möchten wir darauf angemessen reagieren. Im Folgenden sehen wir uns näher an, woher die Wut kommt und was sie auslöst. Daraus schließen wir, was man tun kann, um mit diesen Wüterichen schneller und langfristig besser zurechtzukommen.

Kommen cholerische Anfälle bei einer Person täglich bis wöchentlich vor, handelt es sich meist um einen gehetzten, rastlosen und übertrieben ehrgeizigen Typ. Das Risiko einer Herzkrankheit ist bei ihm höher. Woher kommen diese zerstörerischen Auswirkungen von Wut? Die einfache Antwort lautet: Diese Personen stellen zu große Forderungen an sich selbst und andere. Ihre übertriebenen Forderungen sind die Konsequenz ihrer irrationalen Muss-Annahmen (siehe Kapitel „Psychologische Spielregeln", S. 9). Wut ist immer mit einer dogmatischen Forderung verbunden. Je mehr das Denken von „müssen", „sollen" und „nicht dürfen" bestimmt ist, desto häufiger und intensiver sind die Wutanfälle. Da aber niemand über das Geschehen der Welt bestimmen kann, ist es auch nicht möglich zu wissen, was „geschehen muss" und „nicht passieren darf".

Was wir allerdings kennen, sind unsere Präferenzen, Wünsche, Vorstellungen und Ideale. Warum sollte/müsste jemand etwas tun? Der springende Punkt ist, dass es uns *gefallen* würde, wenn bestimmte Dinge erledigt würden. Doch das heißt nicht, dass jemand unbedingt unseren Wünschen nachkommen muss. Wenn er es nicht tut, ist es auch nicht sinnvoll, wütend zu werden. Je weniger wir unser Denken von „sollen" und „müssen" beherrschen lassen, desto besser ist das für uns und unsere Mitmenschen.

Ein Mythos, den Choleriker gern wiederholen, lautet: „Es ist gesund, in die Luft zu gehen oder Dampf abzulassen, wenn man wütend ist". Dieser Annahme liegt die Vorstellung zugrunde: „Der Ärger muss raus, sonst bekommt man einen Herzinfarkt."

Dieser Glaube ist allerdings ein Ammenmärchen. Wer sich wie eine explodierende Rakete oder ein wild gewordener Stier verhält, setzt sein Herz-Kreislauf-System einer erheblichen Belastung aus. Lässt jemand seiner Wut freien Lauf, gerät das zum Nachteil aller Beteiligten.

Andererseits ist es auch nicht ratsam, **Ärger** und Zorn zu verleugnen und zu unterdrücken. Nur liebenswürdig zu lächeln, wenn Sie wütend sind, ist ebenfalls ungesund. Seiner Wut Ausdruck zu verleihen, ist wichtig und empfehlenswert. Sie zu unterdrücken, zu verleugnen oder zu ignorieren, wird Ihnen und anderen nur Schwierigkeiten bereiten. Entscheidend ist: Äußern Sie Ihren Ärger in angemessener Form. Das heißt direkt und in der Ich-Form. „Es ärgert mich kolossal, wenn Sie mich vor versammelter Mannschaft anschreien." Dieser Satz – selbstsicher und ruhig vorgetragen – bewirkt mehr als jede Schimpfkanonade.

Wie schaffen wir es, in einer hochemotionalen Situation rational und ruhig zu bleiben? Dazu sind drei Maßnahmen notwendig:
1. Seine Stressoren kennen. Was genau verursacht meinen körperlichen und seelischen Stress?
2. Gute Vorbereitung auf die „schlimme" Situation.
3. Schnell umschalten können von Emotion auf Vernunft.

Die Grundvoraussetzung jeder Stressbewältigung besteht darin, seine Stressoren und körperlichen Reaktionen darauf zu kennen. Die einen bekommen bei Wutanfällen des Chefs Herzrasen. Die anderen haben plötzlich kalte Hände und einen trockenen Mund. Achten Sie darauf, welche Stressanzeichen bei Ihnen zuerst auftreten. Wenn Sie diese wahrnehmen, greifen Sie sofort ein und führen Sie die Diskussion vernünftig weiter. Nicht nur der Choleriker, sondern jeder hat seine wunden Punkte. Wenn diese berührt werden, passiert Folgendes mit uns: Wir werden unruhig, fühlen uns angespannt oder beleidigt. Im schlimmsten Fall kochen Ärger und Wut hoch. Denn dieser **innere Knopf** ist tief mit unseren Erfahrungen verbunden. Achten Sie einmal auf Ihre persönlichen inneren Knöpfe. Diese können z. B. sein:

- Der Konkurrenzknopf: „Wollen Sie wirklich, dass Herr Schmitt den Vorzug bekommt?"
- Der Leistungsknopf: „Ich verstehe nicht, wie man in dieser Zeit so wenig schaffen kann!"
- Der Sympathieknopf: „Ich weiß nicht, ob Sie damit Sympathien gewinnen."
- Der Intelligenzknopf: „Sie sind da nicht kompetent genug!"

Überprüfen Sie für sich: Angenommen, Ihr Chef sagt diese Sätze zu Ihnen. Bei welchem Satz reagieren Sie am emotionalsten? Rüsten Sie sich emotional genau dafür, bevor Sie ins nächste Gespräch mit Ihrem cholerischen Vorgesetzten gehen. Überlegen Sie sich bei der Vorbereitung, was alles passieren kann. Spielen Sie die verschiedenen Szenarien mit einem vertrauten Arbeitskollegen durch. Üben Sie passende Antworten. Nun können Sie mit gutem Gewissen in das Gespräch gehen, denn Sie sind auf das Schlimmste vorbereitet.

Jetzt benötigen Sie nur noch einen Trick, um cool zu bleiben, auch wenn es heiß wird. Nehmen Sie dazu die Fernbedienung Ihres Fernsehers. Was Sie damit machen? Sie schalten um: von SAT 1 (Slogan: Powered by Emotion) auf ZDF (Slogan: Zahlen. Daten. Fakten.). Das ist Ihr **Anker**, wenn ein Wutausbruch beginnt und Sie Ihre ersten Stressanzeichen wahrnehmen. Sie schalten in Gedanken um. Weg von der Emotion hin zur Vernunft. Mit diesem symbolischen Fingerdruck auf der Fernbedienung sehen Sie auf einmal nicht mehr den jähzornigen Choleriker, sondern sein ungünstiges Verhalten. Sie denken sich handlungsfähig, denn Sie fragen sich: Was will ich? Für mich? Für das Unternehmen? Wie verhalte ich mich, um dieses Ziel zu erreichen? Das ist der angemessene Anfang, um das Gespräch selbstbewusst und ruhig weiterzuführen.

Das Wichtigste in Kürze

Typisch Choleriker
- Choleriker neigen zu starken Wutausbrüchen. Sie leben diese Wut unkontrolliert aus, weil sie glauben, dies zu dürfen. Vor allem ihre Aggression und Unberechenbarkeit machen uns zu schaffen.
- Cholerikern fehlen Respekt und Wertschätzung für andere. Mit ihrer emotionalen Direktheit können sie durchaus als Autorität beeindrucken.
- Cholerikern fehlt jedoch die Fähigkeit, auf die Bedürfnisse anderer Menschen wirklich einzugehen.

Warnungen! Bitte nicht:
- Direkt widersprechen. Im Kampfmodus ist der Choleriker taub für Argumente.
- Beruhigen. „Jetzt regen Sie sich doch nicht so auf!" Dieser Satz bringt den Choleriker noch mehr in Fahrt, weil er sich bevormundet fühlt.
- Bagatellisieren. Für Sie mag das Problem nur eine Kleinigkeit sein. Doch für den Choleriker ist es die wichtigste Sache der Welt.
- Rechtfertigen. Rechtfertigung deutet der Choleriker als Schwäche und Schuldeingeständnis.

Empfehlungen
- Gewinnen Sie Abstand. Versuchen Sie schnell wieder klar zu denken, um handlungsfähig zu sein.
- Geben Sie ihm das Gefühl, ernst genommen zu werden. Bringen Sie sich in einen Zustand akzeptierender Neugier. Hören Sie genau zu. Konzentrieren Sie sich auf das Problem – nicht auf den Menschen. Lassen Sie ihn ausreden. Wenn Sie sprechen, wählen Sie friedfertige Formulierungen.
- Sprechen Sie mit dem Choleriker in einem ruhigen Moment. Legen Sie in entspannter Atmosphäre fest, was *inhaltliche* Probleme sind und wie das nächste Treffen konstruktiv gestaltet werden kann.
- Wenn alle Versuche scheitern, ziehen Sie die Konsequenz und steigen Sie aus.

Wissenswertes
- Je mehr das Denken von müssen, sollen und nicht dürfen bestimmt ist, desto häufiger treten Wutanfälle auf.
- Ärger gut verarbeiten heißt weder ungehemmt Dampf abzulassen noch den Ärger zu unterdrücken. Stattdessen bedeutet es, ruhig und selbstsicher direkt und konstruktiv zu sagen, was einen stört.
- Um schnell cool zu werden, wenn es heiß wird, sind drei Maßnahmen erforderlich:
  1. Seine Stressoren kennen.
  2. Eine gute Vorbereitung auf die „schlimme" Situation.
  3. Schnell umschalten können von Emotion auf Vernunft.
- Werden Sie schnell handlungsfähig mit der symbolischen Fernbedienung: Schalten Sie um von SAT 1 auf ZDF.

Schlusswort

Schwierige Kollegen und Vorgesetzte sind keine Freunde. Wenn man aber weiß, wie man mit ihnen umgeht, sind sie leichter zu ertragen. Die Zusammenarbeit mit ihnen wird angenehmer.

Nach der Lektüre dieses Buches sind Sie in der Lage, viele heikle Situationen zu erkennen und angemessen darauf zu reagieren – durch aufmerksame Beobachtung, mit der richtigen mentalen Einstellung und mit rationalem Denken.

Ich hoffe, dieser Ratgeber eröffnet Ihnen neue Möglichkeiten und Perspektiven. Doch nur Sie können aus dem Rat eine Tat werden lassen – durch Ausprobieren, Anwenden und Üben. Immer wieder. Nur so kann aus dem Wissen und Wollen ein Können werden. Frei nach dem Motto des britischen Staatsmannes Sir Winston Churchill: „Never, never, never give up!" Dabei werden Sie von den Nervensägen noch viel über Gefühle und Gefühlsmanipulation in Erfahrung bringen. Sie werden sich selbst noch besser kennenlernen und Ihr Selbstbewusstsein trainieren. Immer mehr werden Sie in der Lage sein, Ärger zu dosieren. Je mehr Sie „schwierige" Verhaltensweisen beobachten und erkennen, je häufiger Sie deren Manipulationen durchschauen, desto besser werden Sie ihnen mit Souveränität und Gelassenheit begegnen.

Auf diesem Weg zum Erfolg wünsche ich Ihnen viel Mut, Geschick und Ausdauer!

Stichwortverzeichnis

Symbole
3B-Formel 74, 75

A
Absicht des Sprechers 88, 90
Abstand halten 84
Adjektive 77
aktives Sprechen 76
akzeptierende Neugier 48, 96
Alternativfragen 86
Angriff 24, 25
Angst 12
Anker 102
Anknüpfen an das Gesagte 46
Anschuldigungen 63
Appell 88, 90
Ärger 17, 101

B
Bedenkenträger 55
Besserwisser 22
Bestätigungsfehler 29
Betriebsklima 65
Beziehungshinweis 88, 90
Brainstorming 30

C
choice overload 31
confirmation bias 29

D
Diskutieren über die Wahrheit 62
Dreier-Test 55

E
Echo-Fragen 86
Emotionen
 – negative 17
 – rückmelden 49
Entscheidungsüberlastung 31
Erfolgsvision 55
erlernte Hilflosigkeit 58

F
Fassadentechnik 25
fehlender Respekt 93
Fernbedienung 102
Floskeln 77
Flucht 12, 24
Formulieren
 – einfaches 75
 – positives 78
Fragen
 – geschlossene 85
 – offene 85
 – übertriebene 86
Fremdwörter 77
Füllwörter 77

G

geduldig sein 84
gemeinsame Problemlösung 50
Gruppenbildung 66

H

Hauptsätze 76

I

Ich-Form 36
Ignorieren 62
Impulsfragen 86
innerer Knopf 102
Inokulations-Technik 31
Intelligenzknopf 102
Interesse
- rückmelden 49
- signalisieren 49
- vortäuschen 45

irrationale Muss-Annahme 19, 100

K

Kampf 12
klare Aussagen 74
Klärungsgespräch 63
konkrete Wörter 78
Konkurrenzknopf 102
Kritisieren
- emotionales 62
- konstruktives 36

Kurzformel für Antworten 75

L

Leistungsknopf 102
Lesen zwischen den Zeilen 88
Lob 37, 83, 88
Lob durch Feedback 28
Lösungsfragen 55, 86, 87

M

mangelnde Empathie 94
„Man"-Sätze 71
markanter Einstieg 63
Mikromanager 71
Misstrauen 65
Motivation 65, 66

N

Namensnennung 46
negative Erfahrungen 58
Neubewertung 18, 95

O

Opferrolle 95

P

Paraphrasieren 27, 87
Perspektivenwechsel 17, 49

R

Rechthaber 22
Relevanz 90
Rückzugsverhalten 12

S

Sachinformation 88, 89
Schachtelsätze 76
Selbstwahrnehmung 14
Sich-Abgrenzen 56
Sich-handlungsfähig-Denken 25, 36, 95
Signalwort 97
Starrkopf 22
Stressbewältigung 101
Stressoren 101
Sympathieknopf 102

T

teilweise Zustimmung 46

V

verbale Maskierung 12
Verstehenwollen 48
Vertrauenskultur 66
vier Botschaften einer Aussage, die 88, 89, 90
Vollständigkeit 90

W

Wahrheitskriterium 90
Wahrnehmung 63
Wertequadrat 39, 73
Wertschätzung
 – fehlende 93
 – signalisieren 46
Wiederholen des Gesagten 46
Wirkung 63
Wunder-Frage 56
Wut 17, 100
WWW-Gesprächsform 64

Z

Zuhören
 – aufmerksames 27
 – gutes 48
 – passives 45
zu viel des Guten 39

Zum Autor

Jürgen Rixgens ist Coach und Kommunikationsberater. Er besitzt das Übersetzer-Diplom und das Staatsexamen für das Lehramt in den Fächern English und Sport, sowie eine Train-the-Trainer Ausbildung der Hochschule Heidelberg. Seine berufliche Laufbahn begann er als Dozent in der Erwachsenenbildung. Sein Interesse für Kommunikation führte ihn zu den unterschiedlichsten Tätigkeiten wie TV-Sportmoderator, PR-Berater sowie Regisseur und Produzent von Lehrfilmen und Unternehmenssprecher eines internationalen Unternehmens.

Im Jahr 2002 gründete er die Münchener Firma **RIXCOM – Wirksame Kommunikation** und arbeitet seitdem vor allem als Kommunikationstrainer, Moderator und Redner. Ein Schwerpunkt seiner Tätigkeit sind Kommunikations- und Rhetoriktrainings für Führungskräfte. Häufig moderiert er Großveranstaltungen und Podiumsdiskussionen und hält Vorträge über Trends in der Kommunikation.

Motto der Firma RIXCOM:
Worte. Wirken. Echt.

Wir sorgen in individuellen Coaching- und Trainingseinheiten dafür, dass Ihre Botschaften in klarer Sprache, authentisch und dadurch glaubwürdig beim Zuschauer ankommen.

Sie bekommen insbesondere für die Kommunikation in schwierigen Situationen und mit kritischen Gesprächspartnern Werkzeuge an die Hand, um auch unter Stress souverän zu bleiben.

Kontaktadresse
RIXCOM GmbH
Bauweberstraße 22 a
81476 München
Tel: +49 89 7450 2797
Fax: +49 89 7484 9517
www.rixcom-akademie.de
E-Mail: office@rixcom.de

Soziale Netzwerke

Oliver Gassner
Professionell kommunizieren mit Google+
160 Seiten
Best.-Nr. E10999
ISBN 978-3-86668-971-8

Heinz W. Warnemann
XING für Einsteiger
123 Seiten
Best.-Nr. E10998
ISBN 978-3-86668-970-1

Michael Rajiv Shah
Twitter für Einsteiger
175 Seiten
Best.-Nr. E10995
ISBN 978-3-86668-967-1

Jonny Jelinek
Facebook-Marketing für Einsteiger
150 Seiten
Best.-Nr. E10989
ISBN 978-3-8490-1449-0

Michael Rajiv Shah
Karrierebeschleunigung mit LinkedIn
198 Seiten
Best.-Nr. E10602
ISBN 978-3-86668-972-5

Jeder Band nur € 6,95

Bestellungen bitte direkt an:
STARK Verlag · Postfach 1852 · D-85318 Freising · Tel. 0180 3 179000*
Fax 0180 3 179001* · www.berufundkarriere.de · info@berufundkarriere.de
*9 Cent pro Min. aus dem deutschen Festnetz, Mobilfunk bis 42 Cent pro Min.
Aus dem Mobilfunknetz wählen Sie die Festnetznummer 08167 9573-0.

STARK

Business Toolbox
...professionell & sicher im Job!

Unsere starke neue Ratgeber-Reihe bietet Erste Hilfe im Berufsalltag!

Jeder Band nur € 6,95

Carsten Roelecke
**Business Toolbox:
Erfolgreich präsentieren**
135 Seiten
Best.-Nr. E10701
ISBN 978-3-8490-1451-3

Volker Ribbeck
**Business Toolbox:
Keine Angst vor dem Mitarbeitergespräch**
107 Seiten
Best.-Nr. E10703
ISBN 978-3-8490-1453-7

Carmen Schön
**Business Toolbox:
Komplizierte Kunden, Auftraggeber und Geschäftspartner**
102 Seiten
Best.-Nr. E10705
ISBN 978-3-8490-1455-1

Bestellungen bitte direkt an:
STARK Verlag · Postfach 1852 · D-85318 Freising · Tel. 0180 3 179000*
Fax 0180 3 179001* · www.berufundkarriere.de · info@berufundkarriere.de
*9 Cent pro Min. aus dem deutschen Festnetz, Mobilfunk bis 42 Cent pro Min.
Aus dem Mobilfunknetz wählen Sie die Festnetznummer 08167 9573-0.

STARK